Hermann Ahrens

Die Wettiner und Kaiser Karl IV

Ein Beitrag zur Geschichte der wettinischen Politik, 1364-1379. Erster

Band, zweites Heft

Hermann Ahrens

Die Wettiner und Kaiser Karl IV
Ein Beitrag zur Geschichte der wettinischen Politik, 1364-1379. Erster Band, zweites Heft

ISBN/EAN: 9783743686366

Hergestellt in Europa, USA, Kanada, Australien, Japan

Cover: Foto ©Suzi / pixelio.de

Weitere Bücher finden Sie auf **www.hansebooks.com**

Leipziger Studien

aus dem Gebiet der Geschichte.

Herausgegeben

von

K. Lamprecht und **E. Marcks.**

Erster Band, zweites Heft:

H. Ahrens, Die Wettiner und Kaiser Karl IV.

Leipzig,
Verlag von Duncker & Humblot.
1895.

Die Wettiner

und

Kaiser Karl IV.

Ein Beitrag

zur

Geschichte der Wettinischen Politik 1364—1379.

Von

Hermann Ahrens.

Leipzig,

Verlag von Duncker & Humblot.

1895.

Hervorgegangen aus dem Historischen Seminar an der Universität Leipzig, Abteilungen der Professoren Arndt und Lamprecht.

Dem Andenken Wilhelm Arndts.

Vorwort.

Die Politik des Hauses Wettin während der Jahre 1364 bis 1379 bildet den Gegenstand der vorliegenden Arbeit, nachdem in dem ersten Kapitel eine kurze Darstellung der meifsnischen Politik von 1349—1364 vorausgeschickt worden ist. Das Hauptgewicht ist, wie die Fassung des Titels besagt, auf das Verhältnis der Wettiner zu Kaiser Karl IV. und der Krone Böhmen gelegt. Da jedoch die Wettiner, zumal als Landgrafen von Thüringen, in mannigfachen Beziehungen zu Mainz, Hessen, Braunschweig und andern Territorien Mitteldeutschlands standen, erschien es mir notwendig, den Kreis meiner Untersuchungen nach dieser Richtung hin zu erweitern. Das Verhältnis der drei wettinischen Brüder zu einander habe ich, weil der Zusammenhang der Erzählung sonst zu sehr zerrissen worden wäre, in einem besonderen Exkurs zu behandeln versucht.

An einer eingehenden Darstellung dieses Zeitraums wettinischer Politik fehlte es bisher, da Karl Wenck in seiner Arbeit: Die Wettiner im XIV. Jahrhundert, insbesondere Markgraf Wilhelm und König Wenzel (Leipzig 1877) die gemeinschaftliche Regierung der Söhne Friedrichs II. nur einleitungsweise behandelt hat.

Das Urkundenmaterial, das einstweilen noch in zahlreichen älteren und neueren Sammlungen zerstreut ist, habe ich dadurch zu ergänzen gesucht, dafs ich im Hauptstaatsarchiv zu Dresden, im Ernestinischen Gesamtarchiv zu Weimar und im Staatsarchiv zu Magdeburg Nachlese hielt. Für den Mainzer Bistumsstreit gewährte mir das Mainz-Aschaffenburger Ingrossaturbuch IX aus dem Kreisarchiv in Würzburg reichliche Ausbeute. — Trotzdem bleibt das Material zuweilen recht lückenhaft, namentlich für die Jahre 1370—1372, die für die meifsnisch-böhmischen Beziehungen von hervorragender Bedeutung sind. Auch das königlich böhmische Landesarchiv in Prag enthielt hierüber nichts; denn die Nachforschungen,

die Herr Prof. Werunsky in demselben gütigst für mich an-
stellen liefs, hatten leider keinen Erfolg.

Den Herren Direktoren und Beamten der Staatsarchive in
Dresden, Weimar und Magdeburg, sowie denen der königlichen
Bibliothek in Dresden bin ich für ihr freundliches Entgegenkommen zu aufrichtigem Dank verpflichtet. Besonders herz-
lich danke ich aber auch an dieser Stelle Herrn Staatsarchivar
Dr. Lippert in Dresden, der mich zu der vorliegenden Arbeit
angeregt und in liebenswürdigster Weise vielfach gefördert hat.

Leipzig, Februar 1895.

Hermann Ahrens.

Verzeichnis der in den Anmerkungen abgekürzt citierten Werke:

RK.	= Die Regesten des Kaiserreichs unter Karl IV. 1346 bis 1378. Aus dem Nachlafs J. Fr. Böhmers herausg. und ergänzt von A. Huber (Innsbruck 1877. Erstes Ergänzungsheft 1889).
RS.	= Die Regesten des Kaiserreichs unter Karl IV. u. s. w. Reichssachen.
Gqu.Pr.S.	= Geschichtsquellen der Provinz Sachsen.
Th.Gqu.	= Thüringische Geschichtsquellen.
Lünig RA.	= Lünig: Deutsches Reichsarchiv.
Lünig CJF.	= Lünig: Corpus juris feudalis Germanici (Frankfurt u. Leipzig 1727).
Hist. Pist.	= Historia Erphesfordensis Anonymi scriptoris de Landgraviis Thuringiae bei Pistorius-Struve: Scriptores rerum Germanicarum I S. 1292—1365.
SA.	= Neues Archiv für sächsische Geschichte und Altertumskunde, herausg. v. H. Ermisch.
M.V.Deutsch.Böhm.	= Mitteilungen des Vereins für Geschichte der Deutschen in Böhmen.

Inhalt.

Erstes Kapitel.

Die meifsnische Politik 1350—1364.

Inmitten des schweren Kampfes, der zwischen dem luxemburgischen und wittelsbachischen Hause um Krone und Reich geführt wurde, starb am 18. November 1349[1] Friedrich II. (der Ernsthafte), Markgraf von Meifsen und Landgraf von Thüringen, der mit kräftiger Hand den vereinigten Besitz der Wettiner regiert und durch kluge Politik vermehrt hatte. Entsprechend seinen persönlichen Eigenschaften, seinen verwandtschaftlichen Beziehungen zu den Wittelsbachern[2], und der Lage seiner Länder zwischen Böhmen und Brandenburg, hatte er in den letztvergangenen Jahren eine hervorragende Rolle in der Reichspolitik gespielt. Ihm hatte die wittelsbachische Partei sogar nach vergeblichem Bemühen, Eduard III. von England für den deutschen Thron zu gewinnen, die Königskrone angeboten[3]. Er lehnte jedoch ab, überzeugt, dafs seine, wenn auch bedeutende Macht zur Erkämpfung der Krone gegen den König von Böhmen und die mit ihm verbündeten sächsischen und anhaltinischen Fürsten, sowie gegen den Erzbischof von Magdeburg nicht ausreichen, dafs sein Land der Schauplatz des dann unausbleiblichen Krieges werden würde. Die günstigen Aussichten Karls IV. und die Thronkandidatur des thüringischen Grafen Günther von Schwarzburg, der ihm in seinen Erblanden gefährlich werden konnte, hatten ihn mehr und mehr auf die Seite der Luxemburger

---

[1] Chron. Sampetrinum herausg. von Stübel in den Gqu.Pr.S. I S. 179; Chron. parv. vernacul. rerum, auch Dresdense genannt, bei Mencke: Scriptores rerum German. (Leipzig 1727—30) III S. 350; Erphordianus variloquus. Ebenda II S. 506.

[2] Seine Gemahlin war Mechtilde, Tochter Kaiser Ludwigs. Sie starb 1346.

[3] Vgl. Werunsky: Geschichte Kaiser Karls IV. und seiner Zeit (Innsbruck 1880) II S. 118 ff.; Wenck: Die Wettiner im XIV. Jahrhundert (Leipzig 1877) S. 6.

gezogen. Er hielt es für das Beste, in Karl einen Freund
und Bundesgenossen zu erwerben, ohne sich mit den Wittelsbachern zu verfeinden. Diese politische Haltung hatte er in
dem Dresdener Bündnisse vom 21. Dezember 1348 zum Ausdruck gebracht[1]: er gelobte Karl IV. Anerkennung, Treue
und Beistand, während dieser versprach, ihn in seinem Besitzstande und seinen Rechten zu schützen und von ihm ein
Jahr lang in einem Angriffskriege gegen die Wittelsbacher
keine Unterstützung zu verlangen.

1.

Das Erbe Friedrichs II. traten, nach dem seit etwa der
Mitte des 13. Jahrhunderts geltenden Grundsatz rein privat-
rechtlicher Succession[2], seine vier Söhne Friedrich III., Balthasar, Ludwig und Wilhelm an[3]. Nur die beiden ältesten
von ihnen waren mündig[4]. Ihr Vater hatte die Gefahren,
die von einer Erbteilung, zumal zwischen unerwachsenen
Fürsten, dem Interesse des gesamten Hauses drohten, keineswegs übersehen und für seine Söhne die Form gemeinschaftlicher Regierung unter Vormundschaft des Ältesten bestimmt.

---

[1] RK. n. 796 f. und RS. n. 64—66. Vgl. Lippert: Wettiner und Wittelsbacher sowie die Niederlausitz im XIV. Jahrhundert (Dresden 1894) S. 65 f.
[2] Schulze: Das Recht der Erstgeburt (Leipzig 1851) S. 228 ff.
[3] Friedrich war geboren am 11. Oktober („in die S. Burkardi" nach
dem Mainzer am 11., dagegen nach dem Würzburger Kalender am 14. Okt.)
1332, Balthasar am 21. Dezember 1336, Ludwig am 26. Februar (in crastino
Matthie) 1340 und Wilhelm am 19. Dezember 1343. Annales Veterocellenses
herausg. von Opel in den Mitteilungen der deutschen Gesellschaft in Leipzig
1 (1874) 2 S. 220. Vgl. Weiland: Handschriftliches zur Genealogie der
Wettiner, in SA. VIII S. 140. Nach der hier herausg. Oschatzer Genealogie
war Ludwig am 25. Februar (in die Matthie) 1340 und Wilhelm am 1. Januar
1344 geboren.
[4] Dafs Friedrich und Balthasar mündig, Ludwig und Wilhelm noch
unmündig waren, geht aus mehreren Urkunden hervor. In den U.U. vom
21. Dezember 1348 geloben Friedrich und Balthasar „mit geschwornem
Aide .... vor die hochgebornen Ludwig und Wilhelm unser Brueder, wenn
sie mündig werden undt zu ihren tagen khomen, dafs sie alle diese vorgenannte
Bündnus, Eidt und globde volnfueren sollen, und ihre Insiegel hengen an
diesen Brieff". Pelzel: Kaiser Karl IV., König in Böhmen (Prag 1780) I
UB. S. 162. n. CLXII und: „des zu Uhrkundt haben wihr Fridrich ... und
wihr Balczar unsere Inngesiegel gelegt an diesen brieff", ebenda S. 164. n.
CLXIV. Im Wartburger Vertrage vom 28. September 1351 wollen Friedrich
und Balthasar ihre unmündigen Brüder Ludwig und Wilhelm, wenn sie zu
ihren Jahren kommen, anhalten, sich der getroffenen Abmachung zu fügen.
Siehe Excurs. Die Lausitzurkunde vom 8. August 1353 (s. Lippert a. a. O.
Beilage 39. S. 250) beweist m. E. ebenfalls, dafs Balthasar mündig war,
denn sonst würde er nicht besonders hervorgehoben, sondern mit Ludwig
und Wilhelm zusammengenannt worden sein. Friedrich mufste die Verpflichtung für Balthasar mit übernehmen, weil er allein anwesend war und
die Urkunde allein ausstellte. Anders Lippert a. a. O. S. 72 Anm. 2 und
S. 92 Anm. 59.

Drei Tage vor seinem Tode mufste sein zweiter Sohn, der dreizehnjährige Balthasar, auf der Wartburg in Gegenwart seines Vaters, seiner Grofsmutter Elisabeth und einiger Getreuen eidlich in einen Vertrag willigen[1], der festsetzte, dafs der siebzehnjährige Friedrich bis zum 1. Mai 1360 als Vormund aller Geschwister die Regierung allein führen sollte und verpflichtet sei, denselben ihren Unterhalt zu verabreichen. Würde einer der Brüder diesen Vertrag brechen und auf Teilung des Landes dringen, so sollten die Landstände[2] ihm zum Gehorsam nicht mehr verpflichtet sein. Die gemeinsame Regierung der Markgrafen blieb, ein Gegenstand des Lobes und der Bewunderung der Chronisten[3], dreifsig Jahre lang bestehen und zeigt in ihren verschiedenen Gestaltungen fast alle Formen, die durch die Teilnahme mehrerer Fürsten an der Regierung eines Territoriums ausgebildet werden konnten[4]. Zwar trat zuweilen bei den Wettinischen Brüdern, namentlich bei Balthasar[5], die Neigung zu selbständiger Regierung hervor, aber sie ordneten ihre persönlichen Wünsche doch immer dem Gesamtinteresse unter. Während die Wittelsbacher in fortwährender Zwietracht die von Kaiser Ludwig geschaffene Machtstellung ihres Hauses erschütterten und ein Land nach dem andern an die Luxemburger verloren, traten die Wettiner in ihrer äufseren Politik wie ein Mann auf.

Die jungen Markgrafen behielten das politische System ihres Vaters bei. Und die Aussöhnung Karls mit den Wittelsbachern gestattete ihnen bald, aus der neutralen Stellung herauszutreten und sich rückhaltslos an Böhmen anzuschliefsen. Auf der grofsen Fürstenversammlung zu Bautzen, im Februar 1350, wurde der Friede zwischen Karl und seinen Gegnern zustande gebracht und das Urteil über den falschen Waldemar gesprochen. Markgraf Friedrich und zwei seiner Beamten gehörten zu den zwölf Schöffen, die in diesen Sachen das Urteil zu finden hatten[6]. Hier in Bautzen wurden die Verträge geschlossen, die für die folgenden Jahre die Grundlage der politischen Beziehungen zwischen dem Könige und den Wettinern gebildet haben. Nachdem Karl die vier Markgrafen in der Person Friedrichs zur gesamten Hand mit ihren

---

[1] U. vom 15. November 1349. Faksimile bei Posse: Die Hausgesetze der Wettiner bis zum Jahre 1486 (Leipzig 1889) Tafel 24.

[2] „Landstände" waren damals noch nicht ausgebildet, ich gebrauche den Ausdruck für: Herren, Ritter, Mannen, Städte u. s. w.

[3] Annal. Veterocellenses a. a. O. S. 223: „Hic Fridericus senior fratres secum indivise in una curia cum uxoribus eorum usque ad finem vitae suae tenuit et hoc signum maximae ipsius prudentiae et discretionis fuit." Joh. Tylich bei Mencke a. a. O. II S. 2180. Hist. Pist. I S. 1347. Cap. 105.

[4] Über die Form der gemeinschaftlichen Regierung siehe Excurs.

[5] Ebenda.

[6] Werunsky a. a. O. II S. 217.

Fürstentümern belehnt[1] und ihnen alle Privilegien[2] und Reichspfandschaften[3] bestätigt hatte, wurde eine Erbeinigung zwischen dem Hause Luxemburg und Wettin aufgerichtet. Beide Parteien sollten sich gegen Jedermann, ausgenommen das Reich, beistehen und für Behauptung ihrer Lande und Rechte zu gegenseitiger Hülfe verpflichtet sein. Es schien Karl vor allem daran zu liegen, dafs er der Hülfe der Wettiner gegen einen etwa wieder erstehenden Gegenkönig gewifs war[4]. Wie so häufig in dieser Zeit suchte man das Bündnis durch eine Familienverbindung zu festigen, und deshalb wurde ein schon 1344 von König Johann von Böhmen mit Markgraf Friedrich II. vereinbarter Heiratsvertrag erneuert[5]. Nach ihm sollte Balthasar Karls Tochter Katharina heiraten[6]. Diese Abmachung kam jedoch nicht zur Ausführung[7]. Der König zeigte sich unerschöpflich in Gnadenerweisungen und Freundschaftsdiensten gegen seine jungen Bundesgenossen. Er erteilte Friedrich die Eventualbelehnung mit den Hennebergischen Landesteilen[8], er erklärte alle Veräufserungen von Gütern und Rechten, die unter den Vorfahren der Markgrafen, unter ihrem Vater und nach dessen Tode stattgefunden hätten, kraft königlicher Machtvollkommenheit für null und nichtig[9], schenkte ihnen die Judeneinkünfte in ihren Landen[10] und überwies ihnen aus „sonderlicher Liebe" und für die Dienste, die sie ihm noch leisten sollten, eine Summe von 1000 Mark

---

[1] Die Belehnungsurkunden sind zahlreich, da die Lehnstücke einzeln gereicht wurden: Thüringen, Meifsen, Osterland, Landsberg (siehe dagegen Werunsky a. a. O. II S. 224 Anm. 1 und Weifse: Geschichte der kursächsischen Staaten (Leipzig 1803) II S. 86), Orlamünde, die Pfalzgrafschaft Lauchstädt und Pleifsen. Or. HStA. Dresden, 3203. Vgl. RK. n. 6050 (unvollständig). Besondere Belehnungsurkunden wurden ausgestellt über Meifsen. RK. n. 6049, Rochlitz und Groitsch. RK. n. 6050, Eisenberg und Torgau. RK. n. 6638, Altenburg. RK. n. 6045, Schellenberg. Or. 3213, Lauchstädt RK. n. 1230, Neustadt Or. 3216.

[2] Or. 3224.

[3] RK. n. 6046 f.

[4] U.U. Karls und der Markgrafen. Cod. Diplomaticus et Epistolaris Moraviae VIII herausg. von Brandl (Brünn 1874) S. 6 ff.; Dobner: Monumenta historica Bohemiae (Prag 1764—86) IV S. 331 ff. (mangelhafter Druck). Or. 3205: „were daz ein Kaiser oder ein Romischer Kunig in unser eins land zcu schaden zcihen welde, so sullen die andern an alle geverde stille siczczen und demselben Kaiser oder Romischen Kunig weder mit rat oder mit tat noch mit landen und luten . . . . keyn dienst . . . . tun."

[5] U.U. Johanns vom 20. und 21. September. Cod. dipl. Moraviae VII S. 405 ff.

[6] RK. n. 6639 ohne Tagesdatum von 1350.

[7] Katharina wurde 1353 mit Herzog Rudolf IV. von Oestreich vermählt.

[8] RK. n. 1229. Als Heiratsgut seiner Gemahlin Katharina von Henneberg erhielt Friedrich 1353 die Pflege Coburg und Strauf, Neustadt, Rodach, Sonneberg, Neuhaus und Schalkau. J. A. von Schultes: Coburgische Landesgeschichte des Mittelalters (Coburg 1814) II S. 52 ff.

[9] Or. 3221, vgl. RK. n. 1221.

[10] RK. n. 6637.

und 4000 Schock Prager Groschen[1]. Sogar in den inneren Angelegenheiten ihrer Lande unterstützte sie Karl, indem er die Herren und Städte Thüringens in einem eindringlichen Schreiben ermahnte, den Markgrafen in ihren Friedensbestrebungen für das unruhige Thüringen an die Hand zu gehen[2].

Diese und andere[3] von ihm ausgegangenen Gefälligkeiten beweisen, dafs der König die Absicht hatte, die meifsnischen Fürsten für immer an sich zu fesseln. Die Markgrafen ihrerseits hielten den engen Anschlufs an Karl für geboten: mit Recht! Denn bedeutend waren die Vorteile, die sie von der thatsächlichen Macht des Königs von Böhmen und andererseits von der rechtlichen Stellung des deutschen Königs erwarten konnten. Indem sie die Politik ihres energischen Vaters fortsetzten, bemühten sie sich zunächst, ihre beträchtlichen, aber vielfach durch fremde Besitzungen zerrissenen Gebiete abzurunden und zu dem Zwecke die selbständigen Gewalten ihres Landes sich zu unterwerfen oder doch möglichst unschädlich zu machen. Für diese landesherrlichen Bestrebungen, mochten dieselben gegen den reichsfreien Adel oder gegen Reichsstädte gerichtet sein, mufste ihr Verhältnis zum deutschen König von grofser Bedeutung sein. Hatten sie sich auch mit Waffengewalt in den thatsächlichen Besitz reichsunmittelbarer Herrschaften gesetzt und die Dynasten zur Anerkennung ihrer Lehnshoheit gezwungen, so bedurften sie doch noch der rechtlichen Anerkennung durch das Reichsoberhaupt. — Anfangs erwies sich ihre Rechnung als richtig, Karl leistete ihnen in dieser Richtung manchen Dienst: er erkannte die meifsnische Lehnshoheit über die Grafen von Orlamünde[4], die als Hauptteilnehmer an der sogen. Grafenfehde von Friedrich II. unterworfen worden waren, an und verlieh den Wettinern die Orlamündischen Reichslehen[5].

---

[1] Die 1000 Mark schlägt er ihnen auf die Reichspfandschaften Altenburg, Zwickau und Chemnitz. RK. n. 6048. Für die 4000 Schock verpfändet er ihnen Goslar und Mühlhausen. RK. n. 6044. Gegenurkunde der Markgrafen. Cop. 29 fol. 97 b.

[2] U. vom 18. Februar 1350. Or. 3227.

[3] Er versprach seine Feste Pulsnitz (a. d. Pulsnitz, Grenzflufs zwischen Meifsen und der Oberlausitz) nicht gegen ihren Willen zu veräufsern. Or. 3214. Ein ähnliches Versprechen hatte er ihnen schon 1349 gegeben. Siehe Lippert a. a. O. S. 82 Anm. 34.

[4] Diese Anerkennung war auch schon vorher durch Kaiser Ludwig erfolgt. Die Grafen Friedrich I. und Hermann VIII. von Orlamünde-Weimar mufsten im Vertrag von Weifsenfels 1346 ihre Besitzungen an Meifsen abtreten oder zu Lehen nehmen und ihre Reichslehen den Markgrafen auftragen. Sie behielten nur die Reichslehen Schauenforst, Magdala und Buchfart (bis 1393); vgl. Michelsen: Urkundlicher Ausgang der Grafschaft Orlamünde (Jena 1856) S. 20 ff. und Franke: Das rote Buch von Weimar (Gotha 1891) S. 3 ff.

[5] Am 18. Februar 1350. RK. n. 1231.

Die Reichsstädte Mühlhausen und Nordhausen, besonders
aber die mächtige Bischofsstadt Erfurt, lagen in fortwährendem
Streit mit den thüringischen Landesherren und standen meist
mit einander, entsprechend der Gemeinsamkeit ihrer Interessen,
in engem Bunde. Ihre häufigen Klagen, daſs die Landgrafen
den Handel durch Sperrung der Straſsen lahm legten oder in
ihre Gerichtsbarkeit einzugreifen suchten, konnten bei einem
der landesherrlichen Gewalt freundlich gesinnten König unter
Umständen nicht Gehör finden. Auch wichtige Vorteile vermochte der König seinen Bundesgenossen in ihrem Verhältnis zu
den Städten zu gewähren. Indem er ihnen die Vogtei oder Pflege
einer solchen Stadt übertrug, bot er ihnen die Handhabe, auf
mancherlei Weise die Selbständigkeit der Städte anzutasten.
Ferner waren die häufigen Verpfändungen den Städten äuſserst
lästig. Im Jahre 1353 gestattete Karl den Wettinern die
Stadt Mühlhausen, auf welche sie Pfandschaftsrechte hatten,
durch Gewaltmaſsregeln, wenn sie nicht freiwillig zahle, zur
Erfüllung ihrer Verpflichtungen zu zwingen[1], und im folgenden
Jahre verpfändete er ihnen die gesamten Reichseinkünfte
dieser Stadt[2]. Nach längeren Streitigkeiten, die aus diesen
Verhältnissen erwuchsen, gewährte Markgraf Friedrich am
11. März 1362 den Bürgern von Mühlhausen einen Frieden
und wurde von ihnen „für diese Freundschaft mit 700 Mark
Silber geehrt"[3]. Ebenso wurde Nordhausen den Markgrafen
versetzt, bis es sich nach Zahlung von 2000 Schock Groschen
aus dem unerquicklichen Verhältnis löste und vom König das
Privilegium der Unverpfändbarkeit auswirkte[4].

Die gröſsten Vorteile dieser Art brachte die böhmische
Freundschaft den Markgrafen in dem vogtländischen Kriege[5].
Die reichsunmittelbaren Vögte von Plauen, Gera und Weida,
deren Gebiet an beiden Seiten der Elster sich keilförmig in
den wettinischen Länderkomplex einschob, waren bisher, obwohl sie sich öfter an der Opposition der kleineren Dynasten
gegen die Landgrafen beteiligt hatten, den wettinischen Ein-
verleibungsgelüsten entgangen. Jetzt fielen sie der Eroberungs-
sucht und dem langjährigen Groll der Markgrafen, sowie der
Ländergier des Kaisers zum Opfer. Unter dem Vorwand,
daſs die Vögte in ihren gebirgigen Landen das Räuberunwesen
begünstigten, griff Friedrich 1354 im Einverständnis mit

---

[1] U. vom 6. Mai 1353. Or. 3335, vgl. RK. n. 6081 mit dem Datum
des 2. Mai.

[2] U. von 25. September 1354. Or. 3379.

[3] Cop. 26 fol. 40.

[4] Am 18. Juli 1354. Förstemann: Geschichte von Nordhausen (Nordhausen 1840) UB. S. 23. Erneuerung des Privilegs der Unverpfändbarkeit
am 10. September. Ebenda S. 24 f.

[5] Vgl. Wenck: Der vogtländische Krieg (Anhang zu: Die Wettiner im
XIV. Jahrhundert) S. 9* ff.

Karl IV., der reichsstädtische und böhmische Kontingente
stellte, die schwächeren Nachbarn an[1]. War der Erfolg dieses
Feldzugs bereits die Unterwerfung der Vögte von Weida, so
traf der Hauptschlag alle Vögte doch erst 1358. Der Kaiser,
von Nürnberg aus heraufziehend, vereinigte sich mit dem
Landgrafen, und in einem vierzehntägigen Junifeldzug brachen
die Bundesgenossen völlig den Widerstand ihrer Gegner. Ein
grofser Teil der vogtländischen Besitzungen kam unter die
Lehnshoheit Meifsens und Böhmens, oder ging durch er-
zwungene Tausch- beziehentlich Kaufverträge als Eigentum in
den Besitz der beiden Mächte über. Die Meifsner erhielten
durch die wichtigsten Plätze an der Elster und einige Gebiete
zwischen Elster und Saale[4] einen beträchtlichen Machtzuwachs.
Aufserdem verschrieb ihnen der Kaiser 2000 Schock Groschen
für ihre eifrigen Dienste im Vogtland[2].

Als am 1. März 1358 das Bündnis zwischen Karl IV.
und den Markgrafen erneuert wurde, nahm man den Plan
einer Familienverbindung zwischen dem Luxemburgischen und
Wettinischen Hause wieder auf. Der vierzehnjährige Markgraf Wilhelm wurde mit der Nichte Karls, Elisabeth, Tochter
Johanns von Mähren, verlobt[3]. Die Heirat, die nach acht
Jahren stattfinden sollte, wurde in der That im Frühjahre
1366 vollzogen. Friedrich und Wilhelm erscheinen jetzt
häufiger denn je zuvor am Hofe des Kaisers[4]. Wilhelm begleitete letzteren in den folgenden drei Jahren fast beständig
durch ganz Deutschland[5] und weilte oft monatelang in Prag,
wo ihm wohl das vom Kaiser den Markgrafen geschenkte
Haus, das schon ihr Vater besessen hatte, zum Wohnorte
diente[6]. Während der Kaiser den Markgrafen Münz-[7] und
Zollprivilegien[8] gab und Mafsregeln traf, die den Verkehr und
Handel in ihren Landen erleichterten[9], unterstützten sie ihn

---

[1] Meifsen erhielt: Voigtsberg, Ölsnitz, Mühltrofl, Liebau, Wiedersberg,
Adorf, Pausa, Triptis, Auma, Ziegenrück, die Lehnshoheit über die Herrschaft Weida, sowie Gera als quedlinburgisches Lehen. Vgl. Wenck a. a. O.
15* ff.

[2] U. vom 25. März 1362. Or. 3681. Karl schlug die Summe auf die
den Markgrafen bereits verpfändeten Städte Altenburg, Zwickau und Chemnitz.

[3] Lippert in den M.V. Deutsch. Boehm. Jahrgang XXX (1891) S. 93 ff.
behandelt diese Heiratsverträge ausführlich und giebt die einschlägigen Urkunden.

[4] Vgl. das Itinerar Friedrichs bei Posse: Die Lehre von den Privat-
urkunden (Leipzig 1887) S. 191 f.

[5] Wilhelm befand sich beim Kaiser: 1358 in Prag, Nürnberg, Sulz-
bach, Breslau; 1359 in Breslau, Achen, Mainz, Prag; 1360 in Prag, Nürnberg; 1361 ebenda; und zwar öfters mehrere Monate lang. Siehe die Zeugenreihen in den RK.

[6] RK. n. 773. 3734.

[7] U.U. vom 13. Juli 1354 und 22. November 1355. HStA. Dresden,
Abschrift. Abt. XIV Bd. 108 n. 1. 2.

[8] Bestätigung des Weinzolles zu Gotha. RK. n. 2753.

[9] Im Jahre 1362. Siehe Lippert a. a. O. S. 114, vgl. RK. n. 6233.

in seinen militärischen Operationen. Als er im August 1360
einen Feldzug gegen die Grafen von Würtemberg unternahm,
verstärkten meifsnische Kontingente unter dem Grafen Hermann
von Beichlingen sein Heer[1]. Auch bei der Belagerung von
Schorndorf waren markgräfliche Mannen, wahrscheinlich unter
Wilhelms Führung[2], thätig.

2.

Eine sichere Aussicht ihren politischen Einflufs zu er-
höhen und die Kosten ihrer fürstlichen Hofhaltung zu ver-
mindern, bot sich den Markgrafen, wenn einer der vier Brüder
in den geistlichen Stand eintrat. Bei dem Ansehen ihres
Hauses erschien die Erlangung eines Bistums nicht schwer;
denn von dem Kaiser war sichere Unterstützung dafür zu erwarten, und Papst Innocenz VI. stand wiederum mit Karl IV.
in freundschaftlichen Beziehungen und kam den Wünschen
desselben bei Besetzung der deutschen Bistümer möglichst
entgegen.

Der dritte der wettinischen Brüder, Ludwig, wurde für
den geistlichen Beruf ausersehen[3]. Sämtliche Zeitgenossen
stimmen in ihrem ungünstigen Urteil über diesen Fürsten
überein[4]; und seine politische Laufbahn, die einer näheren
Betrachtung unterzogen werden soll, weil sie mit der meifsnisch-
thüringischen Politik auf das engste verknüpft ist, wird die
Richtigkeit dieses Urteils bestätigen. Durch kaiserliche Gunst
und meifsnisches Geld gelangte Ludwig zu Stellungen, die
aufser Verhältnis zu seiner Persönlichkeit standen. Er erlangte später — ein rechter Wanderbischof — als erster unter
den Wettinern sogar eine Kurwürde. Der junge Fürst trat
zunächst ins Würzburger Kapitel ein und hatte kaum sein

---

[1] Quittung des Grafen Hermann über eine von den Markgrafen erhaltene Summe für Gürtel und Pferde, die er in Schwaben verloren. Or. 3800.

[2] Pfandverschreibung Karls für die Markgrafen über 3000 Schock Prager
Groschen für ihm und dem Reiche in Schwaben und anderswo geleistete
Dienste. RK. n. 6231. Vgl. Wenck: Die Wettiner S. 15 Anm. 5. Auch
1354 vor Zürich hatten die Markgrafen Karl IV. unterstützt. Lippert:
Wettiner S. 99 Anm. 20.

[3] Bereits 1354 war er geistlich; denn im Juli 1354 erhielt er Kanonikat
und Praebenden in Mainz und Magdeburg. Gqu.Pr.S. XXII (Päpstliche Urkunden und Regesten aus den Jahren 1353—78, die Gebiete der heutigen
Provinz Sachsen betreffend, herausg. von Kehr u. Schmidt (Halle 1889)
S. 15. 17. n. 47. 48. 54. Am 17. November 1355 bat er den Papst um die
Provision mit der Kantorei in Würzburg. Ebenda S. 32. n. 110 (er wird hier
fälschlich 16jährig genannt, er stand erst im 16. Jahre).

[4] Magdeburger Schöppenchronik in den Chroniken der deutschen Städte
VII S. 234; Chron. Magdeburg. bei Meibom: Rerum German. Scriptores
(Helmstedt 1688) II S. 348. Die meifsnisch-thüringischen Chroniken schweigen
behutsam über ihn.

siebzehntes Jahr vollendet[1], als ihn der Papst durch Provision
zum Bischof von Halberstadt ernannte. — Seit mehr als
dreifsig Jahren hatte diesen Stuhl thatsächlich der braunschweiger Herzog Albrecht in Besitz, ohne jemals eine päpstliche Bestätigung erhalten zu haben[2]. Nach dem Tode seines
Gegenbischofs, des päpstlichen Kandidaten Albrecht von Mansfeld, fand er in Ludwig von Meifsen einen neuen Gegner.
Diesem erwies sich der Papst äufserst wohlwollend: er gestattete ihm mit der Weihe[3] zu warten, erteilte ihm wegen
seiner Jugend Dispens[4] und setzte seine Anhänger sämtlich
in den Besitz von Präbenden[5], während er Albrechts Anhängerschaft aufzulösen suchte. Aus diesem Grunde und aus
Furcht vor der Macht der meifsnischen Markgrafen, die für
ihren Bruder einzutreten entschlossen waren, sowie des langen
Kampfes müde, gab Albrecht nach. Anfangs nahm er nach
einem mit den Landgrafen 1357 geschlossenen Vertrage[6]
Ludwig als Koadjutor zu sich, dann aber verzichtete er bald
darauf gegen eine meifsnische Jahresrente ganz auf das Bistum[7]. Seit Ende 1357 war Ludwig unbestrittener Bischof
von Halberstadt[8]. Seine markgräflichen Brüder sahen seine
Sache als die ihre an. Dafs sie ihr am 12. September 1358
geleistetes Gelübde[9], Ludwig stets mit brüderlicher Treue zu
unterstützen und zu schirmen, „wenn sich Krieg und Be-
drängnis erheben sollten und er in merkliche Armut fiele,
davon er Gebrechen leiden müfste", treulich hielten, beweisen
die beträchtlichen Summen, die in den Jahren 1358 bis 1366
an den Halberstädter Hof wanderten[10]. Und als er 1362 in

---

[1] Geboren am 26. (bzw. 25.) Februar 1340. Siehe S. 2. In der U.
vom 24. April 1357 nennt ihn der Papst im 18. Jahre stehend. G. Schmidt:
Urkundenbuch des Hochstifts Halberstadt und seiner Bischöfe (Leipzig 1887)
III S. 571.

[2] Vgl. Mehrmann: Der Streit um das Hochstift Halberstadt 1324—1358
(Diss. Kiel 1893). S. 69 ff.

[3] U. vom 17. April 1357. Schmidt a. a. O. III S. 570, und nochmals
am 5. Februar 1365. Gqu.Pr.S. XXII S. 177. n. 647. Sudendorf: Urkundenbuch zur Geschichte der Herzöge von Braunschweig und Lüneburg und ihrer
Lande (Hannover 1859 ff.) III Einleitung S. X läfst die Weihe irrtümlich
September 1358 geschehen.

[4] Schmidt a. a. O. III S. 571.

[5] Unter anderen Busse von Querfurt und Christian von Witzleben.
Schmidt a. a. O. III S. 576 f.: Gqu.Pr.S. XXII S. 59. n. 203 ff.

[6] Schmidt a. a. O. III S. 573; vgl. Schmidt in der Zeitschrift des Harz-
vereins XI S. 414 ff.

[7] U. Ludwigs und der Markgrafen vom 9. Juni 1358. Schmidt: Urkundenbuch des Hochstifts Halberstadt III S. 593. 595.

[8] Dies geht aus der U. vom 17. November 1357 hervor, in der er die
Privilegien des Kapitels bestätigt. Schmidt a. a. O. III S. 581.

[9] Cop. 25 fol. 91 (fer. 4 ante Lamberti). Sudendorf a. a. O. III Einl.
S. X nennt fälschlich den 14. September.

[10] Vgl. Wenck a. a. O. S. 11 Anm. 3. Aufser den hier genannten Städten
sollte auf Geheifs der Markgrafen Chemnitz 100 und Altenburg 250 Schock

einen Krieg mit dem Grafen Albrecht von Mansfeld geriet[1], führten seine Brüder die kostspielige Fehde mit ihrem Gelde und ihrer Mannschaft durch[2]; Ludwig aber verhalf dafür seinen Brüdern zur Vergröfserung ihres Gebietes, indem er ihnen das halberstädtische Hettstedt und Gattersleben versetzte[3].

Die Markgrafen jedoch wünschten für ihren Bruder eine einflufsreichere Stellung, als das Bistum Halberstadt sie gewährte. Eine günstige Gelegenheit bot sich, als der Magdeburger Erzstuhl am 1. Mai 1361 erledigt wurde[4]. Eine Partei der Domherren wählte in der That den Wettiner in ungültiger Wahl, während das Volk „dem jungen Manne aus so vornehmen Geschlechte", der sein Bistum nicht zur Zufriedenheit der Halberstädter geleitet hatte, abgeneigt war[5]. Umsonst verhandelten die Markgrafen mit den Bürgern und forderten sie zur Uebergabe der erzbischöflichen Schlösser auf[6]. In der zwiespältigen Wahl sprach das entscheidende Wort der Papst, der den von Karl IV. gewünschten Dietrich von Minden in gefälliger Rücksicht auf den Kaiser und aus Dankbarkeit für seine Unterstützung in der italienischen Politik bestätigte[7]. Vielleicht wäre der Kaiser den Markgrafen entgegengekommen, wenn nicht Dietrich, der einer seiner vornehmsten Ratgeber war, ihm näher gestanden hätte[8]. Jetzt endlich hatte er Gelegenheit erhalten, diesen um ihn so hochverdienten Mann, den er zum obersten Kanzler von Böhmen erhoben und zum kaiserlichen Statthalter in Deutschland ernannt hatte, zu einer einflufsreichen kirchlichen Würde zu verhelfen. Ludwig mufste

---

Groschen jährlich zahlen. Im ganzen wurden Ludwig etwa 500 Schock jährlich angewiesen. Die einmal gezahlten Summen belaufen sich nach den Angaben im markgräflichen Rechnungsbuch (liber computacionum = Cop. 5) auf etwa 400 Schock: nach Avignon erhielt Ludwig 800 Schock und 200 Mark. Aufserdem sagten die Markgrafen für 400 Goldgulden gut. Th. Gqu. VI = Martin: Urkundenbuch von Jena I (1888) S. 298.

[1] Veranlafst wurde die Fehde durch die widerrechtliche Aneignung halberstädtischer Besitzungen seitens des Grafen von Mansfeld; das Hauptereignis war die Belagerung von Eisleben. Hist. Pist. S. 1349. Den Frieden vom 14. Juli 1362 betr., siehe Schmidt a. a. O. IV S. 9.

[2] Die Soldregister stehen im Cop. 5 fol. 70b—80. Einige Soldverträge siehe bei Schmidt a. a. O. IV S. 2 f. Die Markgrafen schuldeten Gebhard von Querfurt für Auslagen im Mansfelder Kriege 913 Mark. Ebenda S. 14.

[3] Ebenda S. 73.

[4] Magdeburger Schöppenchronik a. a. O. S. 232; vgl. Hoffmann: Geschichte von Magdeburg (Magdeburg 1885) S. 150 f.

[5] Magdeburger Schöppenchronik a. a. O. S. 234: „wente der bischop ein junk man was von grotem slechte und ok dat bischopdom von Halberstadt also vorstan hadde, dat sin volk al to sere ome nicht dankede".

[6] Ebenda S. 234.

[7] Vgl. Werunsky a. a. O. III S. 255 f.

[8] Theuner: Der Übergang der Mark Brandenburg vom Wittelsbachischen auf das Luxemburgische Haus (Diss. Berlin 1887) S. 19.

sich also vorläufig noch mit Halberstadt begnügen, aber in der Hoffnung auf baldige Versetzung schob er seine Weihe noch jahrelang hinaus[1]. Um selbst mit dem Papste zu verhandeln, unternahm er Anfang 1366 eine Reise nach Avignon, die er bereits im Oktober des vorhergehenden Jahres geplant hatte[2]. Erst dort liefs er sich weihen. Dafs sein Besuch in Avignon nicht fruchtlos gewesen war, beweist seine bald darauf erfolgte Versetzung[3] in das reiche exemte Bistum Bamberg, die er wohl den Bemühungen des Kaisers mit zu verdanken hatte[4].

3.

So freundlich sich die politischen Beziehungen zwischen Böhmen und Meifsen seit dem Jahre 1350 gestaltet haben mochten, der kluge Kaiser, der nur Nützlichkeitsrücksichten kannte, war weit entfernt, auch nur eines seiner Interessen einer politischen Freundschaft zu opfern. In den ersten Jahren seiner Regierung, in der Zeit seines mühsamen Emporkommens, wo es galt, mit diplomatischer Gewandtheit sich durchzuringen, bedurfte Karl der meifsnisch-thüringischen Macht. Später als er fest im Sattel safs, nahm er in seiner Erwerbspolitik keine Rücksicht auf seine Bundesgenossen. Den ersten Schlag versetzte die kaiserliche Hausmachtspolitik den Wettinern, indem sie ihnen die Lausitz entwand.

Seit den Tagen Kaiser Ludwigs befanden sich Teile der Niederlausitz in meifsnischem Pfandbesitz[5]; denn schon im Jahre 1323 hatte dieser Kaiser seinen Schwiegersohn Friedrich II. von Meifsen zum Schutz- und Pfandherrn der Lausitz ernannt. Durch die Unterstützung, die der Wettiner seinem

---

[1] Erst am 20. Februar 1366 nannte er sich Bischof (episcopus statt electus). Da sein Aufenthalt in Avignon zwischen 6. November 1365 und 15. Mai 1366 fällt, wird er dort die Weihe erhalten haben. Ludwig mufs schon in früheren Jahren und zwar vor 1360 in Avignon gewesen sein; denn am 1. Februar 1360 wiesen die Margrafen dem Reinhart Rost eine Summe an für zwei Pferde, deren eins Bischof Ludwig für seine Reise „versus Avinonis" erhalten hatte. Siehe Lippert: Wettiner S. 200 Anm. 46; und am 16. April 1364 sagten sie einem Naumburger Domherrn für 400 Goldgulden gut, die Ludwig in Avignon empfangen hatte. Th. Gqu. VI S. 298.

[2] Vgl. die U. vom 29. Oktober 1365. Schmidt a. a. O. IV S. 73: „Wenne wir von Avinion schirst zeu lande kumen".

[3] Er stellte nur noch eine Urkunde für Halberstadt aus und zwar in Langenstein am 15. Mai 1366; sonst fungierte nur das Kapitel. Seine Sehnsucht nach einem andern Bistum war offenbar grofs.

[4] Ussermann: Episcopatus Bambergensis (1802) S. 182.

[5] Die folgenden Ausführungen über die Lausitz beruhen auf dem soeben erschienenen Buche von W. Lippert: Wettiner und Wittelsbacher sowie die Niederlausitz im XIV. Jahrhundert (Dresden 1894), in welchem diese verwickelten Verhältnisse ebenso gründlich wie klar dargestellt sind.

Schwager, dem Markgrafen Ludwig von Brandenburg, dem
Sohne des Kaisers, in seinen Kriegen leistete, wuchs die
Schuldsumme, sodafs sie sich im Jahre 1346 auf etwa 12000
Mark belief. Daher wurde die Lausitz im letztgenannten
Jahre abermals verpfändet, und Friedrich II. erhielt auch die
kaiserliche Belehnung mit dem Pfandbesitz des Landes. Allein
der plötzliche Tod des Kaisers und das Auftreten des falschen
Waldemar in Brandenburg störten die Pläne des Wettiners,
der darnach strebte, die Lausitz, die sein Haus noch im An-
fang des Jahrhunderts besessen hatte, eigentümlich zu erwerben. Am 2. Oktober 1348 trat der brandenburgische
Prätendent dem Könige Karl IV. die Lausitz erb- und eigentümlich ab. Aber in kluger Zurückhaltung ergriff Karl nicht
Besitz von diesem Lande, um sich nicht mit dem mächtigen
Wettiner zu verfeinden. Und da er nach der Aussöhnung
mit den Wittelsbachern diese wieder in ihre Länder und
Rechte einsetzen mufste, ging auch die Lausitz wieder an die
brandenburgischen Wittelsbacher [1] über. Die Wettiner wurden
nebst anderen Fürsten vom König beauftragt, jenen zur
Wiedererlangung ihrer Gebiete behülflich zu sein. Mit be-
waffneter Macht unterstützten die Markgrafen ihre brandenburgischen Verwandten in ihren Kriegen mit der waldemari-
schen Partei. So geschah es, dafs die früheren Schuldsummen
sich vergröfserten und im Jahre 1353 die Höhe von 21000
Mark erreichten. Für diese Summe wurde am 8. August 1353
die Lausitz unter Vorbehalt des Wiederkaufs an die Wettiner
abgetreten. — Nunmehr hatten diese ihr Ziel fast erreicht;
konnten sie doch bei der Zerrüttung der brandenburgischen
Finanzen hoffen, den Pfandbesitz in wirklichen Besitz zu
verwandeln, um so mehr als der Kaiser die Verpfändung bestätigte, indem er die Wettiner zu Anfang des Jahres 1355
und abermals am 2. Februar 1360 mit dem Pfandbesitz jener
Mark belehnte. Im Besitz aller Regierungsrechte walteten sie
elf Jahre lang wie Landesherren in der Lausitz. Dennoch
sollten sich ihre Hoffnungen, das Land zu vollem Eigentum
zu erwerben, nicht erfüllen; denn ihre Pläne kreuzte der
Kaiser selbst, der als König von Böhmen ebenfalls festen Fufs
in der Lausitz zu fassen suchte. War es ihm bereits 1357
und 1358 gelungen, durch die Erwerbung von Hoyerswerda
und Spremberg einige Teile dieser Mark an sich zu bringen,
so gaben ihm einige Jahre später arge Zwistigkeiten in der
wittelsbachischen Familie willkommene Gelegenheit, sich in
den Pfandbesitz der ganzen Niederlausitz zu setzen. Um sich

---

[1] Nach dem Luckauer Vertrage vom Jahre 1351 erhielt Ludwig d. Ä.
Oberbayern, Ludwig (der Römer) und Otto (der Faule) Brandenburg und die
Lausitz. Riezler: Geschichte Bayerns III S. 29.

nämlich an ihrem Bruder Stephan von Bayern-Landshut, mit dem sie zerfallen waren[1], zu rächen, nahmen die brandenburger Wittelsbacher in den bekannten Nürnberger Erbverträgen vom 18. März 1363 das Haus Luxemburg in eine Erbverbrüderung auf. Aufserdem gestatteten sie dem Kaiser die Lausitz von den Wettinern einzulösen. Sofort machte sich Karl den erlangten Vorteil zu nutze. Nachdem die meifsnischen Pfandsummen, die auf der Lausitz lagen, berechnet worden waren, begannen in Pirna zwischen Böhmen und Meifsen die Verhandlungen über die Auslösung jener Mark. Am 12. April 1364 mufsten die Wettiner darein willigen, dafs Karl von seinem Einlösungsrechte Gebrauch machte. Er sollte den Wettinern 21 000 Mark und 10 000 Schock Prager Groschen zahlen, und zwar die Hälfte dieser Summe innerhalb eines Jahres. Dafür sollte Herzog Bolko von Schweidnitz, ein kinderloser Verwandter Karls, das Land lebenslänglich besitzen. Nach seinem Tode sollte es den Brandenburgern gestattet sein, die Lausitz wieder von der Krone Böhmen einzulösen. Die Gründe, die Karl bestimmten, den schlesischen Herzog bei dem Handel hinzuzuziehen, waren teils finanzieller teils politischer Art; denn Bolko nahm einen Teil der Einlösungssumme auf sich, und Karl konnte hoffen, dafs man seine Erwerbungspolitik nicht so leicht durchschauen würde, wenn er jenen als Pfandinhaber vorschob. So unangenehm es den Wettinern war, sich in allen Erwartungen getäuscht zu sehen, sie mufsten sich fügen. Am 1. November 1364 hatte Karl bereits seine Verpflichtungen den Markgrafen gegenüber erfüllt[2]. Das erste Stadium in der Geschichte der Erwerbung der Lausitz durch die Luxemburger war beendigt.

In dieser ersten Periode hatte sich die meifsnische Politik darauf beschränkt, Stellung zwischen Böhmen und Brandenburg zu gewinnen und vor allem in ein dauerndes freundschaftliches Verhältnis zu Karl IV. zu treten. Nach anderen Richtungen hin unternahmen die Markgrafen, wenn man von einigen Fehden[3] absieht, keine erheblichen politischen Aktionen. — Daher wird ihre Politik gegenüber ihren

---

[1] Nach dem Tode Meinhards, des Sohnes Ludwigs d. Ä. († 1361) bemächtigte sich Stephan 1363 Oberbayerns.

[2] Gelübde der sechs meifsnischen Vasallen in betr. der ihnen anvertrauten Summe, die Kaiser Karl den Markgrafen wegen der Lösung der Lausitz bezahlt hat. Or. 3778. Siehe das Nähere bei Lippert a. a. O. S. 161 f.

[3] Aufser mit Mansfeld (siehe oben S. 10 Anm. 1) mit den Grafen von Schwarzburg 1358. Hist. Pist. S. 1348. Vgl. U. der Wettiner vom 2. November 1358 bei Lünig RA. VIII S. 186. Gegenurkunde der Grafen von Schwarzburg. Or. 3554. Ferner mit dem Stift Fulda 1361. Hist. Pist. S. 1348.

westlichen Nachbarn, namentlich Hessen[1], Anhalt[2] und Magdeburg[3] durch zahlreiche Bündnisse und Landfriedenseinungen
gekennzeichnet. Mit den sächsischen Herzögen, die Karl IV.
besonders nahe standen, verbanden sie sich auf Geheiß und
Ermahnung des Kaisers selbst[4].

---

[1] Im Jahre 1358. Cop. 26 fol. 21 f.
[2] 1359. Riedel: Codex diplomaticus Brandenburgensis II. 2 S. 422.
[3] 1361. Or. 3664.
[4] 1363. Cop. 25 fol. 128b.

Zweites Kapitel.

Die Politik der Markgrafen und die böhmische Territorialpolitik 1365—1370.

1.

Hatten die Wettiner in den ersten fünfzehn Jahren ihrer Regierung mannigfache Vorteile durch ihr freundliches Verhältnis zum Kaiser und König von Böhmen errungen, so waren sie auch in der folgenden Periode bestrebt, Böhmen gegenüber dieselbe Politik zu vertreten. Diese aber war nicht mehr eine freiwillige und unabhängige. Die Vorteile, die sie von der Freundschaft Karls IV. erwarten konnten, waren bei weitem nicht so grofs, wie die Gefahren und Schäden, die ihnen ein gespanntes Verhältnis zu dem Luxenburger bringen konnte. Karls territoriale Macht zwang Meifsen zum engen Anschlufs an Böhmen. Nachdem der Kaiser 1364 die Lausitz so gut wie gewonnen hatte — es war wenig Aussicht vorhanden, dafs die Wittelsbacher in ihrer Finanznot das Land einlösen würden — waren die meifsnischen Lande auf drei Seiten von Gebieten umschlossen, die in unmittelbarer oder mittelbarer Abhängigkeit von der Krone Böhmen standen. Im Süden lag das Hauptland selbst, an einzelnen Stellen, wie an der Elbe, über die heutige Grenze hinausgreifend; denn Pirna war damals eine böhmische Stadt[1]. Mit Böhmen und Mähren bildeten fast ganz Schlesien[2] und die von den Wittels-

---

[1] Die Landeszugehörigkeit Pirnas wechselte öfters. Unter Heinrich dem Erlauchten war es meifsnisch, 1291 ging es in den Besitz des Bistums Meifsen über, 1298 erwarb Böhmen die Stadt. Später brachte Markgraf Wilhelm Pirna wieder an Meifsen. Siehe R. Hoffmann: Zur Geschichte der Stadt Pirna (Pirna 1891) S. 35 ff.

[2] Aufser Schweidnitz und Jauer, welche Herzogtümer 1368 (bezw. 1392) an Böhmen fielen. Die übrigen schlesischen Fürstentümer waren von König Johann von Böhmen lehnsabhängig gemacht worden. Vgl. Grünhagen in der Zeitschrift für Geschichte Schlesiens XVII S. 1 ff.

bachern erkauften Teile der Oberpfalz[1] einen mächtigen
Länderkomplex. Im Osten trennte die Pulsnitz Meifsen von
den böhmischen Landen Budissin und Görlitz (Oberlausitz),
und nordöstlich umsäumte die Niederlausitz das markgräfliche
Gebiet bis heran an die schwarze Elster[2].

Aber nicht allein auf diesen einheitlichen Gebieten, die
er in dem Spiel der grofsen Politik gewann, beruhte Karls
Macht. Neben der Politik, die auf die Erwerbung ganzer
Länder auf einmal hinzielte, betrieb er mit derselben Rührig-
keit und Ausdauer eine Territorialpolitik im kleinen, der man
bisher nicht die gebührende Aufmerksamkeit zugewandt hat[3],
weil sie in die Augen springender Erfolge entbehrt. Durch
sein Bestreben, im südlichen und mittleren Deutschland, besonders aber in den böhmischen Nachbarländern einzelne Besitzungen zu erwerben oder Vasallen für die Krone Böhmen
zu gewinnen, wurde Karl seinen fürstlichen Nachbarn äufserst
gefährlich. Die Gewandtheit, mit der er durch Geld oder
Gnadenerweisungen die zahlreichen kleinen Gewalten in den
böhmischen Lehnsverband zu ziehen verstand, seine finanzielle
Überlegenheit, die Konsequenz, mit der er Dorf an Dorf, Hof
an Hof reihte, sodafs die an und für sich unbedeutenden
Ortschaften allmählich zu immer gröfseren Gebieten anwuchsen,
und schliefslich der Scharfblick, der für diese Erwerbungen
stets die wichtigsten Verbindungsstrafsen herauszufinden wufste,
zeigen in anderer Art dieselbe staatsmännische Klugheit des
Kaisers, die ihn in seinen Verhandlungen mit den gröfseren
Fürsten auszeichnete und die ihm Teile von Schlesien, der
Oberpfalz, die Lausitz und später auch Brandenburg ein-
brachte.

Da der böhmische König infolge seiner Territorialpolitik
häufig mit anderen Fürsten, insbesondere später mit den
Markgrafen von Meifsen, in Zwiespalt geriet, erscheint es
notwendig, zunächst zu untersuchen, unter welchen Bedingungen nach dem damals geltenden Lehnrechte eine derartige Erwerbspolitik überhaupt möglich war. Sind die allgemeinen rechtlichen Grundlagen festgestellt, so ist eine Entscheidung der Rechtsfragen im einzelnen Falle weniger schwierig.

---

[1] Vgl. Werunsky a. a. O. II S. 359; und RS. n. 183.

[2] Elsterwerda und Liebenwerda (a. d. schwarzen Elster) gehörten damals zur Lausitz. U. vom 14. April 1364. Riedel a. a. O. II. 2 S. 462.
Auch in der Verpfändungsurkunde vom 8. August 1353 werden beide Städte
zur Lausitz gerechnet. Siehe Lippert a. a. O. S. 84 f., vgl. ebenda S. 77
Anm. 17 und über Elsterwerda besonders S. 145 Anm. 43.

[3] Angedeutet ist diese Politik Karls IV. von Palacky: Geschichte
Böhmens II. 2 S. 394; Wenck a. a. O. S. 16; Märcker: Das Burggraftum
Meifsen (Leipzig 1842) S. 315; Steinherz in den Mittei. des Instituts für
östreich. Geschichtsforschung IX (1888) S. 585 Anm. 1. 2; Lippert a. a. O.
S. 165.

Die goldene Bulle gab dem Könige von Böhmen und den übrigen Kurfürsten das Recht, von jedermann Ländereien, Festen, Ortschaften und Güter durch Kauf, Schenkung oder als Pfand zu erwerben, doch so, daß die rechtliche Eigenschaft dieser Besitzungen unverändert bleibe — Eigen sollte als Eigen, Lehen als Lehen übernommen werden — und unbeschadet der dem Reiche davon zustehenden Leistungen[1]. — Zur Erläuterung dieses etwas unbestimmt formulierten Reichsgesetzes kann ein Privileg, das Karl IV. im Jahre 1346 dem Erzbischofe von Köln erteilte[2], herangezogen werden. Karl gestattete demselben Besitzungen von jeder Eigenschaft, d. h. Allode und Lehen, auf gesetzmäßige Weise zu erwerben, ohne die Erlaubnis des Königs und seiner Nachfolger einzuholen; nur sollte er dem Könige anzeigen, wenn die von ihm erworbenen Besitzungen im Reichslehnverband ständen, und sich mit ihnen vom Könige belehnen lassen. — Indem die goldene Bulle dies Privileg auf alle Kurfürsten ausdehnte, gab das Reich ein für allemal seine Einwilligung dazu, daß die Kurfürsten Reichsvasallen in ihren Lehnsverband[3] zogen. Dagegen beseitigte dies kurfürstliche Privileg keineswegs, wie man angenommen hat[4], das Einspruchsrecht der Lehnsherren gegen eine Veräußerung von Lehen ohne ihre Erlaubnis; nach wie vor war die Einwilligung des Herrn erforderlich, wenn der Vasall sein Lehen veräußern wollte[5]. Daher konnte das kurfürstliche Gütererwerbungsrecht in Wirklichkeit meist nur auf Allode und unmittelbare Reichslehen Anwendung finden.

Was Karl IV. vor den andern Kurfürsten in den Stand setzte, von dem genannten Privileg den ausgiebigsten Gebrauch zu machen, war seine kaiserliche Stellung, vor allem aber die glänzende Finanzlage seiner Erblande, die ihm geradezu erstaunliche Geldmittel für politische Zwecke zur Verfügung stellte. Während viele andere Fürsten in jener Zeit, allen voran die Wittelsbacher, durch Geldnot zu Veräußerungen

---

[1] Goldene Bulle Cap. X. 2 herausg. von Harnack: Das Kurfürstenkollegium bis zur Mitte des vierzehnten Jahrhunderts (Gießen 1883) S. 222.

[2] Diese schon von Olenschlager: Neue Erläuterung der Goldenen Bulle Kaysers Karls des IV. (Frankfurt u. Leipzig 1766) S. 224 angezogene Urkunde siehe bei Lünig RA. XVI S. 466.

[3] Nach dem Lehnrecht war die Einwilligung des Reiches Erfordernis, wenn ein Reichsvasall einen Mittelherrn zwischen sich und das Reich einschieben wollte. Homeyer: Sachsenspiegel II. 2 Das System des Lehnrechts S. 427 ff. 500 f.

[4] Werunsky a. a. O. III S. 124.

[5] Am 12. Dezember 1360 konfirmierte der Kaiser ein Urteil seiner Lehnsmannen, welches entschied, daß es einem Lehnsmanne nicht erlaubt sei, sein Lehngut zu verkaufen oder aufzugeben ohne des Herrn Gunst und Willen, und nannte dies Urteil „nicht widerzemig gemeinem Recht". Pelzel a. a O. II UB. S. 320.

von Besitzungen gezwungen wurden, vermied Karl nicht
nur mit peinlicher Ängstlichkeit jede Veräufserung, sondern
verwandte alljährlich, vornehmlich in den Jahren 1356 bis
1372, einen beträchtlichen Teil der böhmischen Krongelder
zum Ankauf fremder Besitzungen. Vielleicht haben ihn dazu
aufser politischen auch wirtschaftliche und finanzpolitische Beweggründe veranlafst, indem er auf diese Weise seine Kapitalien
am besten anzulegen glaubte. Von vielen reichsunmittelbaren
Geschlechtern liefs er sich Reichslehen auftragen und verlieh
diese als böhmische Lehen wieder. Der König von Böhmen
schob sich also als Mittelglied zwischen jene Reichsvasallen
und das Reich ein. Die Beweggründe der solcherweise auf-
tragenden reichsfreien Herren waren meist Verschuldung oder
Unsicherheit gegenüber mächtigeren fürstlichen Nachbarn.
Karl kam ihnen mit Geld und mit dem Schutz der Krone
Böhmen entgegen. Anfangs liefs er sich zuweilen von den
Kurfürsten Willebriefe ausstellen[1], wenn er derartige Besitzungen der Krone Böhmen einverleiben wollte, später als
sein im Jahre 1361 geborener Sohn Wenzel zum böhmischen
König gekrönt war[2], wurden diesem gewöhnlich die Reichslehen aufgelassen und erhielt er von seinem Vater die kaiserliche Bestätigung und Belehnung. Waren die zu erwerbenden
Besitzungen Allode, so kaufte Karl IV. sie und liefs sie entweder als böhmisches Krongut verwalten oder vergab sie als
böhmische Kronlehen.

Seine Besitzungen in der Oberpfalz, die er 1353 von den
rheinischen Pfalzgrafen für 32 000 Mark gekauft hatte, rundete
er ab, indem er zahlreiche Ortschaften von dem Landgrafen
von Leuchtenberg[3], dem Burggrafen von Nürnberg[4] und von
einzelnen Herren und Bürgern[5] durch Kauf oder Lehenauf-
lassung an sich brachte, sodafs er bald die Stadt Nürnberg
erreichen konnte, ohne sein Gebiet zu verlassen[6]. Auch in
der Diöcese Regensburg[7] (Donaustauf für ungefähr 17 000
Gulden!) und weiter nach Westen in den Gebieten von Bamberg[8] und Würzburg[9] lagen böhmische Enclaven. In Schwa-

---

[1] Z. B. RS. n. 253. 274; Lünig CJF. II S. 101; Riegger: Archiv für
böhmische Geschichte III S. 309. 312.

[2] Am 15. Juni 1363. RK. n. 3958a.

[3] Werunsky a. a. O. II S. 232 f.

[4] Riegger a. a. O. III S. 313; Georgisch: Regesta chronologico-diplo-
matica (Frankfurt u. Leipzig 1740—44) I S. 116. In Karls U. vom 12. Dezember 1360 (siehe S. 17 Anm. 5) werden Albrecht von Nürnberg und
Johann, Landgraf von Leuchtenberg, unter den böhmischen Vasallen genannt.

[5] Riegger a. a. O. III S. 314—316. RK. n. 3448.

[6] Die Gebiete der oberen Nab und der Pegnitz waren böhmisch, wie
aus der meifsnischen Vertragsurkunde vom 25. November 1372 (siehe unten
S. 49), in der die böhmischen Besitzungen aufgezählt sind, hervorgeht.

[7] RS. n. 238.

[8] RS. n. 359; Riegger a. a. O. III S. 314 f.

[9] Meifsnische Urkunde vom 25. November 1372.

ben[1] wurden ganze Grafschaften mit böhmischen Krongeldern erkauft, und selbst im Strafsburgischen[2] finden wir böhmische Besitzungen. Zwar suchten sich manche Fürsten gegen dies Vordringen der böhmischen Macht dadurch zu sichern, dafs sie mit Karl Verträge schlossen[3], in denen beide Parteien sich verpflichteten, in den gegenseitigen Ländern keine Erwerbungen zu machen und Vasallen an sich zu ziehen. Doch wie wenig Karl sich thatsächlich an diese Bestimmungen hielt, zeigt der Zuwachs der Luxemburgischen Hausmacht.

Dasselbe politische System, das sich in den Gebieten westlich des Böhmerwaldes so bewährte, wandte der Kaiser auch auf Böhmens nördliche Nachbarländer an, ohne dabei irgend welche Rücksicht auf seine meifsnischen Bundesgenossen zu nehmen. Gerade die durch viele reichsunmittelbare Herrschaften durchbrochenen wettinischen Länder wurden vornehmlich der Schauplatz dieser böhmischen Territorialpolitik[4]. Schon im ersten Jahrzehnt seiner Regierung hatte Karl die Reichsherrschaften Wildenfels[5] (an der Zwickauer Mulde) und Hohenstein[6] (zwischen Glauchau und Chemnitz) erworben. Im vogtländischen Kriege hatte zwar Meifsen den Löwenanteil davongetragen, Böhmen nur die Anerkennung seiner Lehenshoheit über Plauen, Reichenbach und Mylau[7] erhalten. Aber Karl ging schnell daran, diese Besitzungen zu mehren. Im Jahre 1358 mufste Heinrich Reufs das Lehnsgelübde wegen Postersteins (bei Ronneburg) erneuern[8], während Heinrich von Gera seine Reichslehen Sparrenberg und Reitzenstein a. d. Saale Karl auftrug und als böhmische Mannlehen zurück-

---

[1] U.U. der Grafen von Wertheim und Hochberg. Lünig CJF. II S. 119 ff. und S. 151; vgl. Stälin: Wirtembergische Geschichte (Stuttgart 1856) III S. 280. Siehe die Erwerbungen von den Grafen von Öttingen 1360. RK. n. 3292. 3294, und von den Grafen von Wirtemberg. RK. n. 3306.

[2] Lünig CJF. II S. 165. — Die böhmische Territorialpolitik sollte hier nur angedeutet und mit einigen Beispielen belegt werden. Eine genaue Feststellung aller böhmischen Besitzungen in Deutschland würde interessante Streiflichter auf Karls IV. Finanzpolitik werfen.

[3] Verträge Karls mit den brandenburgischen und bayrischen Wittelsbachern 1354 und 1358. RS. n. 203. RK. n. 2000. Riegger a. a. O. III S. 311.

[4] Siehe S. 16 Anm. 3. — Einige böhmische Besitzungen in Meifsen sind aufgezählt von Pelzel in den Abhandlungen der böhm. Gesellschaft der Wissenschaften 1787 II S. 63.

[5] Märcker a. a. O. S. 234. Die Herren von Wildenfels leisteten am 14. Oktober 1356 die Lehnshuldigung. Lünig CJF. II S. 159.

[6] Hinco Berka von der Duba bekennt am 16. August 1353 Hohenstein als böhmisches Lehen empfangen zu haben. Balbinus: Miscellanea historica Regni Bohemiae VIII (Prag 1688) S. 153. Erneuerung des Lehnsreverses am 26. August 1361. Lünig CJF. II S. 165. Vgl. Knothe im SA. VI S. 192.

[7] Siehe Wenck: Vogtländ. Krieg S. 12* f. — Die Herrschaft Plauen mit Schöneck, Johannsgrün, Tribel u. a. m. war 1327 von König Johann erworben worden. Lünig RA. XI S. 203; vgl. Wenck a. a. O. S. 11*.

[8] Wenck a. a. O. S. 17*.

empfing[1]. Im folgenden Jahre löste der König Hirschberg (a. d. Saale), das den Markgrafen als Pfandbesitz eigeräumt worden war, von diesen ein und vereinigte es als Reichspfand mit Böhmen[2]. — Da jedoch die Haupterfolge der böhmischen Territorialpolitik in den wettinischen Landen in die Jahre 1367 bis 1371 fallen, wird eine genauere zusammenhängende Darstellung derselben später erfolgen.

Die Fortschritte des Kaisers in der angedeuteten Richtung waren 1365 bereits so weit gediehen, daſs er daran gehen konnte, die von böhmischen Besitzungen durchbrochenen Nachbargebiete auch in kirchliche Abhängigkeit von Böhmen zu bringen. Hierzu bedurfte er der päpstlichen Autorität. Mit Urban V., der seit 1362 auf dem Stuhle Petri saſs, stand der Kaiser in engen Beziehungen. Urbans Ziel war, das Ansehen der Kirche und die Macht des Papsttums durch das nur zu sehr verbrauchte Mittel eines Kreuzzuges des gesamten Abendlandes gegen die osmanischen Türken und durch Rückverlegung des päpstlichen Stuhles nach Rom zu heben[3]. Karl IV. war geneigt dem Papst seinen kaiserlichen Beistand zu gewähren, in der Hoffnung, den Einfluſs der Kurie für seine dynastischen und politischen Pläne zu gewinnen. Beide verständigten sich im Frühjahr 1365 zu Avignon[4]. Bei dieser Gelegenheit stellte Karl dem Papste vor, daſs die Krone Böhmen zahlreiche Lehen und Besitzungen in dem exemten Bistum Bamberg, in der zur Salzburger Kirchenprovinz gehörigen Diöcese Regensburg, sowie in der Diöcese Meiſsen, die unter dem Magdeburger Erzstuhl stand, erworben habe, und daſs aus dem zügellosen Leben des Klerus in diesen böhmischen Distrikten und dem dadurch hervorgerufenen Ungehorsam des Volkes ihm und der Krone Böhmen mannigfache Schäden erwüchsen. Da weder die Metropoliten noch die Diöcesanbischöfe gewillt wären, dieser Sittenverderbnis zu steuern, möge der Papst jene drei Diöcesen unter die Jurisdiktion des Erzbischofs von Prag stellen, der zu dem Zwecke zum beständigen Legaten des apostolischen Stuhles für die Prager Kirchenprovinz und für diese drei Diöcesen ernannt werden sollte[5]. In der That ging Urban auf diesen Vorschlag

---

[1] Siehe von Reitzenstein: Geschichte der Familie von Reitzenstein I S. 119 ff. Sparrenberg und Reitzenstein waren wettinische Lehen, und als Heinrich von Gera sie am 8. Juli 1358 an Karl aufliefs, scheint er seine Lehnsabhängigkeit von Meifsen verschwiegen zu haben, er nannte jene Besitzungen Reichslehen.

[2] Wenck a. a. O. S. 17*.

[3] Vgl. Bott: Die Kriegszüge der englisch-französischen Soldkompaguien unter der Regierung Karls IV (Diss. Halle 1891) S. 11.

[4] Werunsky a. a. O. III S. 323 ff.

[5] Päpstliche Bulle vom 28. Mai 1365. Codex diplomaticus Saxoniae Regiae II. 2 UB. des Hochstifts Meifsen (Leipzig 1865) S. 63; vgl. Werunsky a. a. O. III S. 326 f.

Karls ein. Unter dem Vorwande, eine umfassende Sittenver-
besserung des Klerus bewirken zu wollen, ernannte er den
Erzbischof von Prag zum „legatus perpetuus" in der Provinz
Prag und den genannten Diöcesen, mit allen Rechten, die
einem päpstlichen Legaten zustanden. Willkürlich wurden so
die deutschen Bistümer Regensburg und Meifsen aus ihrem
bisherigen Abhängigkeitsverhältnis losgelöst und zugleich mit
Bamberg, das bisher unmittelbar unter dem Papste gestanden,
dem böhmischen Metropoliten unterstellt; denn in der für den
Bischof von Meifsen bestimmten Bulle eximierte der Papst
diesen ausdrücklich von der Jurisdiktion, Herrschaft und Gewalt (ab omni jurisdictione dominio et potestate) des Magdeburger Erzbischofs, trotz aller Privilegien, die dieser von Rom
erhalten hätte. Es ist anzunehmen, dafs die Bullen für Regensburg und Bamberg im wesentlichen denselben Inhalt gehabt
haben[1]. — Wie hatte sich die Stellung des Prager Kirchen-
fürsten[2] im Verlauf von zwanzig Jahren verändert! Im Jahre
1344[3] war es dem damaligen Markgrafen Karl von Mähren
gelungen, den hochstrebenden Gedanken eines Ottokar[4], die
Erhebung des Mainzer Suffraganbistums Prag zur selbständigen
Metropole zu verwirklichen. Seitdem trachtete Karl darnach,
den Einflufs dieses böhmischen Erzstuhles auf Kosten der
Nachbarprimate zu steigern. Hatte er aus Rücksicht auf
den König von Polen darauf verzichten müssen, für eine Los-
trennung des Bistums Breslau von dem Erzbistum Gnesen
beim apostolischen Stuhle zu wirken[5], so richtete er seinen
Blick jetzt auf drei andere deutsche Diöcesen. — Sodann aber
hoffte er bei der Bedeutung, die das kirchliche Leben in jener
Zeit hatte, durch diese Organisation die böhmischen Enclaven
in jenen Diöcesen fester an das Hauptland zu ketten und die
Erwerbung anderer fremder Gebiete in diesen Diöcesen mittelst
des kirchlichen Abhängigkeitsverhältnisses von Prag leichter
bewerkstelligen zu können. Allein diese Mafsregel, welche
auch die Abhängigkeit Meifsens von dem mächtigen Nachbar
in fühlbarer Weise vermehrt haben würde — denn die meifsnische Diöcese umfafste aufser den Lausitzen auch den gröfsten
Teil der Markgrafschaft bis zur Zwickauer Mulde[6] — kam

---

[1] Vgl. Gersdorf in Cod. dipl. Sax. II. 2 Einl. S. X ff.

[2] Vgl. Hinschius: System des katholischen Kirchenrechts I S. 614.

[3] Werunsky a. a. O. I S. 350; Cod. Moraviae VII S. 392; Hinschius
a. a. O. S. 614 setzt die Erhebung Prags zum Erzbistum unrichtig ins
Jahr 1341.

[4] O. Lorenz: Deutsche Geschichte im 13. und 14. Jahrhundert (Wien
1863) I S. 225. 266.

[5] Dies gelobte er dem Könige Kasimir am 26. Juli 1360. RK. n. 3253.
Über die Bestrebungen Karls, Breslau von Gnesen los zu trennen bis 1351,
siehe Grünhagen in der Zeitschrift für Geschichte Schlesiens XVII S. 17 f.

[6] Böttger: Diöcesan- und Gaugrenzen Norddeutschlands (Halle 1875)
IV S. 189 f., wo die Westgrenze der Diöcese Meifsen angegeben ist.

nicht zur Ausführung. Die zehn Bullen, die den päpstlichen
Beschluſs den Bischöfen, der Geistlichkeit, den Fürsten und
Städten der betreffenden Diöcesen verkündigen sollten, ge-
langten mit Ausnahme der an die Prager Kirchenprovinz gerichteten nicht an ihren Bestimmungsort, sondern blieben in
Prag liegen. Auch lassen sich nicht genügende Beweise dafür
beibringen, daſs der Prager Erzbischof seine Legatenrechte in
jenen Diöcesen thatsächlich ausgeübt hat[1]. Man hat angenommen[2], daſs die kaiserliche Maſsregel an dem Widerstande
der maſsgebenden Prälaten gescheitert ist. Wohl mit Recht!
Was wenigstens die geplante Exemtion der Diöcese Meiſsen
betrifft, so ist es nicht wahrscheinlich, daſs ein Dietrich von
Magdeburg († 1368), der als einer der hervorragendsten Ratgeber des Kaisers ihm in seiner brandenburgischen Politik
unentbehrlich gewesen war[3], dieses Projekt ruhig hingenommen
hat. — Ferner hatte der Papst durchaus kein Interesse an
dem Gelingen des kaiserlichen Planes; es ist wenig glaublich,
daſs er für eine Sache energisch eingetreten ist, die ihm zwei
deutsche Metropoliten entfremdet und das Bistum Bamberg
seiner unmittelbaren Jurisdiktion entzogen hätte. Der Plan
bleibt nur ein interessanter Versuch böhmischer Erwerbspolitik.

2.

Trotz der Bemühungen Karls IV., seine Macht auf Kosten
der meiſsnisch-thüringischen Fürstentümer auszudehnen, wurden
die politischen Beziehungen zwischen Böhmen und Meiſsen
nicht verändert. Die Markgrafen handelten in allen wichtigen
Fragen der äuſseren Politik im Einverständnis mit dem Kaiser.
Als König Peter von Cypern, der den Gedanken eines Kreuzzuges des Abendlandes gegen die osmanischen Türken an-

---

[1] Vgl. die Ausführungen Gersdorfs a. a. O. S. X f., der auf das Zeugnis
des Benesch von Weitmühl (herausg. von Emler in den Fontes rerum Bohemi-
carum IV (1884) S. 533) über Johanns Ausübung seiner Legatenbefugnisse
mit Recht kein Gewicht legt. Die von Gersdorf übersehene Nachricht des
Benesch S. 535: „... Johannes Archiepiscopus Pragensis, Apostolicae Sedis
Legatus primus, legationis suae in eisdem partibus (Lusatiae) peragens offi-
cium, quia terra illa de dioecesi Misnensi existit" beweist höchstens eine
direkte Einwirkung des Erzbischofs auf die kirchlichen Angelegenheiten der
Lausitz, die umsoweniger auffallend ist, als die Lausitz gerade damals ein
Nebenland Böhmens geworden war. Vgl. über die richtige Datierung der
Reise Johanns in die Lausitz 1368 Lippert a. a. O. S. 171 Anm. 16.
[2] Wenck: Wettiner S. 17.
[3] Im Jahre 1362 hatten die brandenburgischen Markgrafen ihm und
einigen andern fast die ganze Regierungsgewalt übertragen. Dietrich besaſs
in jenen Gegenden groſsen Einfluſs. Vgl. Theuner a. a. O. S. 27; Scholz: Die
Erwerbung der Mark Brandenburg durch Karl IV. (Diss. Breslau 1874)
S. 16 f. vermutet, daſs diese Maſsregel Karls dazu beigetragen habe, eine
Entfremdung zwischen dem Kaiser und Dietrich herbeizuführen.

geregt hatte[1] — eine Idee, die der Papst eifrig vertrat —
die einzelnen Höfe besuchte, um die Fürsten für sein Unternehmen zu gewinnen, kam er auch nach Meißen und bemühte
sich, den Markgrafen Friedrich zur Teilnahme zu bewegen[2].
Dieser riet jedoch dem König, an den Prager Hof zu gehen
und Karl IV. seinen Plan vorzustellen; er würde sich ganz
nach dem richten, was sein kaiserlicher Herr beschlösse. Der
Kreuzzug, mittelst dessen man die in Italien und Deutschland
hausenden Söldnermassen, die sogen. „Engländer“ oder „bösen
Gesellschaften“, die in dem englisch-französischen Kriege gedient und nach dem Frieden von Bretigny im Jahre 1360 als
Geiseln der Länder zurückgeblieben waren, aus diesen Gebieten herausziehen wollte, kam nicht zustande[3]. Die Söldner
plünderten und verwüsteten auch das Elsaß, sodaß der Kaiser
ein Reichsheer aufbieten mußte, um Straßburg zu schirmen[4].
Unter den Reichskontingenten befanden sich auch meißnische
Truppen, wahrscheinlich unter Wilhelms Führung[5].

Dafür unterstützte der Kaiser die Markgrafen wiederholt
in ihrer äußeren Politik. — Die Stadt Erfurt war im Jahre
1365 mit den Herren von Tanrode in Streit geraten, weil
diese einen ihrer Vasallen, der das Bürgerrecht in Erfurt erworben hatte, mit dem Tode bestraft hatten. Schon war die
Burg Tanrode von den Erfurtern in Asche gelegt, als die
Markgrafen den bedrängten Herren von Tanrode zu Hülfe
kamen. Am Hofe des Kaisers wurde zwischen den streitenden
Parteien vermittelt „nicht ohne große Summen, die die Erfurter
den Markgrafen zahlen mußten“, wie der thüringische
Chronist hinzuzufügen nicht unterläßt[6]. Seine Aussage wird
urkundlich bestätigt durch die erhaltenen markgräflichen
Quittungen[7] über 4500 Mark, die Erfurt in dieser Zeit be-

---

[1] Bott a. a. O. S. 11 ff.
[2] Alleinige Quelle für diesen Besuch Peters in Dresden: Guillaume de
Machaut: La prise d'Alexandrie ou chronique du roi Pierre I. de Lusignan.
Publiée pour la première fois pour la société de l'Orient latin par M. L. de
Mas Latrie (Genève 1877); vgl. Ermisch im SA. I S. 184.
[3] Werunsky a. a. O. III S. 306.
[4] Vgl. Bott a. a. O. S. 20 ff.
[5] Die Angabe in dem Rechnungsbuche der Markgrafen Cop. 5 fol. 86 b:
„quadringentas marcas versus Rhenum contra societates“ bestätigt den Bericht der Hist. Pist. S. 1350: „Item Wilhelmus arripuit iter versus Elsatiam
cum pluribus principibus contra societatem malam de Britannia et societas
fuit fugata“. Süddeutsche Quellen erwähnen die Meißner und ihren Markgrafen nicht. Das Chron. Moguntinum in den Chroniken der deutschen
Städte XVIII S. 169 nennt „principes de Thuringia“. Auffallend ist, daß
Wilhelm nicht in den Zeugenreihen der damals ausgefertigten Kaiserlichen
Urkunden steht.
[6] Hist. Pist. S. 1349. cap. 114; Historia genealogica veterum Landgraviorum Thuringiae bei Eccard: Historia genealogica Principum Saxoniae
Superioris (Leipzig 1722) S. 458.
[7] U.U. vom 5. November 1365 und 5. Mai 1366. StA. Magdeburg,
Abt. Erfurt XLIII A. 17. 18.

zahlt hat. Am 12. Juni schlossen die Wettiner mit Erfurt, das sich auf vier Jahre in den markgräflichen Schutz begab, Frieden[1] und vermittelten an demselben Tage zwischen ihnen und den Edlen von Tanrode[2].

Glücklicherweise konnten die Markgrafen mit kaiserlicher Hilfe die Erfurter Fehde beilegen, bevor sie ihren Krieg mit Braunschweig, die bedeutendste kriegerische Begebenheit dieser Periode, begannen. Veranlaßt wurde dieser Krieg durch die Übergriffe, die der fehdelustige Herzog Albrecht von Braunschweig-Grubenhagen, von seiner Residenz Salz (Salzderhelden) Herzog von Salze genannt, sich auf seinen Streifzügen ins landgräfliche Gebiet gegen thüringische Vasallen erlaubte[3]. Die Städte Mühlhausen und Nordhausen verstärkten mit ihren Kontingenten das landgräfliche Heer. Ebenso leistete Erfurt Zuzug, obwohl Herzog Albrecht wenige Monate vorher, während der Fehde zwischen den Markgrafen und Erfurt, dieser Stadt gelobt hatte, erstere nicht gegen sie zu unterstützen[4]. Die Markgrafen rückten ins Grubenhagensche Gebiet ein[5] und nahmen nach schwerer Belagerung die Hindenburg[6] und darnach Windhausen (westlich von Klausthal) und Lichtenstein. Durch diese Erfolge seiner Feinde und die Verwüstung seines Landes wurde Albrecht zu einem Waffenstillstand gezwungen, während dessen die Markgrafen die eroberten Schlösser besetzt hielten, um einen endgültigen Frieden abzuwarten. Albrecht überfiel jedoch die Besatzungen und thüringischen Proviantzüge, sobald die Markgrafen mit ihrem Heere abgezogen waren. Durch diesen Bruch des Waffenstillstandes wurde die zweite meißnische Expedition veranlaßt. Jetzt gewannen die Markgrafen einen mächtigen Bundesgenossen in dem Erzbischof Gerlach von Mainz. Dessen Vorgänger, Erzbischof Heinrich,

---

[1] Or. GA. Weimar, Reg.G S. 589. n. 1[1].
[2] HStA. Dresden, Cop. 25 fol. 133.
[3] Hauptquellen für diesen Krieg sind die Hist. Pist. S. 1349. cap. 114 und Historia Landgraviorum bei Eccard a. a. O. S. 458; daraus hat Johann Rothe, herausg. von R. v. Liliencron in Th.Gqu. III (Jena 1859) S. 611 f. geschöpft. Kürzere Notizen enthält das Chron. Mogunt. a. a. O. S. 171. 174. — In den Darstellungen von v. Heinemann: Geschichte von Braunschweig und Hannover (Gotha 1882) II S. 56. 57 und Havemann: Geschichte der Lande Braunschweig und Lüneburg (Göttingen 1853) I S. 427 f. sind die einschlägigen Urkunden nicht berücksichtigt.
[4] U. vom 18. Mai 1365. StA. Magdeburg, Abt. Erfurt XIII 35.
[5] Die erste Expedition fiel ins Jahr 1365 und zwar nach dem 12. Juni, da an diesem Tage Erfurt erst Frieden mit den Landgrafen schloß (siehe oben Anm. 1).
[6] Daß die Belagerung von Hindenburg und Windhausen besondere Schwierigkeiten machte und das Hauptereignis im Kriege war, geht aus den Verlusten hervor, die die Markgrafen dort erlitten. Im Rechnungsbuch der Markgrafen beziehen sich mehrere Anweisungen auf Dienste und Verluste vor Hindenburg und Windhausen. Cop. 5 fol. 82. 86b. 136. 136b. 142.

hatte in der Absicht, die mainzische Macht auf dem Eichsfelde auszubreiten, von Albrechts Vorfahren eine Reihe braun-
schweigischer Besitzungen am Westharz gekauft[1], die aber
Albrecht Erzbischof Gerlach geflissentlich vorenthielt, so dafs
dieser sich bisher noch nicht in den thatsächlichen Besitz
jener Orte hatte setzen können. Gemeinsames Vorgehen mit
den meifsnischen Fürsten erschien ihm daher als ein bequemes
Mittel, den Braunschweiger zur Herausgabe zu zwingen. Am
11. Juni 1366 kam das mainzisch-thüringische Bündnis zu
stande[2]. Gerlach trat die Hälfte von seinen erkauften braunschweigischen Ortschaften an Meifsen unter der Bedingung
ab, dafs beide Mächte den gemeinschaftlichen Besitz jener
Orte erkämpfen sollten. Nur Duderstadt und Giboldehausen
sollte Mainz, Hindenburg und Windhausen dagegen Meifsen
allein besitzen. — Die Markgrafen ernannten zu Haupt-
leuten für den bevorstehenden Krieg den Grafen Heinrich
von Hohenstein und den Edlen Dietrich Ulmann und gaben
ihnen den Auftrag, Söldner für sie anzuwerben[3]. Nachdem
man ein Jahr lang gerüstet[4], fiel das Kriegsvolk der Verbündeten, welches sich angeblich auf 18000 Mann belief, in
das Gebiet des Herzogs ein. Einer solchen Macht konnte
Albrecht nicht widerstehen. Kaum hatten die Markgrafen
und der Erzbischof einige freie Herren im braunschweigischen
Territorium, die vorher mit Albrecht verbunden waren, wie
die Herren von Rosdorf und Ditmar von Hartenberg mit der
Burg Moringen und Hardegsen zu ihrem Dienste gegen den
Braunschweiger verpflichtet[5], da erklärte er sich zum Frieden
bereit, den die Markgrafen am 26. Juli 1367 mit ihm abschlossen[6]. Die eroberten Schlösser Hindenburg und Wind-

---

[1] Erzbischof Heinrich kaufte 1342 von Heinrich II. Herzberg, ein
Drittel von Hameln, Eimbeck, Osterrode, Duderstadt, die Hälfte von Lauter-
berg, Rechte an Giboldehausen, Grubenhagen und Rüdigershagen. Sudendorf a. a. O. II S. 2. 4. 20; Jäger: Urkundenbuch von Duderstadt (Hildesheim 1883) S. 48 ff. — 1358 verkaufte Herzog Wilhelm sein Drittel von
Duderstadt an Mainz. Jäger a. a. O. S. 77.

[2] U. der Markgrafen. Or. Weimar, Reg.F. S. 137 E. n. 24. 7; Gegenurk. Gerlachs gedruckt bei Wenck: Hessische Landesgeschichte (Frankfurt
u. Leipzig 1789) II 1 UR. S. 427, wo das Datum (Donnerstag nach Boni-
facius) fälschlich in 10. statt 11. Juni aufgelöst ist.

[3] Am 26. April 1366. Cop. 26 fol. 63 mit der Überschrift: „Littera
Capitaneatus contra ducem de Sale". — Heinrich von Hohenstein stellte
später die Soldrechnung für die Markgrafen auf, sie belief sich auf 479 Mark.
Cop. 5 fol. 67.

[4] Wenn die Zeitangabe in dem sonst zuverläfsigen Chron. Mogunt.
a. a. O. S. 174: „im Juni 1367" richtig ist, ist es auffallend, dafs die Verbündeten ein Jahr zur Rüstung brauchten.

[5] U.U. Ludwigs von Rosdorf vom 9. Juli 1367. Or. 3864 und Ditmars
von Hartenberg vom 10. Juli. Or. 3865.

[6] Cop. 27 fol. 87 b.

hausen wurden definitiv an Meifsen abgetreten [1], ein schöner
Gewinn für den allerdings kostspieligen [2] Krieg. Auch mufste
sich Albrecht verpflichten, es die Besitzer von Moringen und
Hardegsen nicht entgelten zu lassen, dafs sie im Dienst der
Markgrafen blieben.

Kurz nach der Beendigung dieses Krieges drohte eine
neue Fehde mit Erfurt. Wie im Jahre 1365 schritt der
Kaiser auch jetzt zu gunsten seiner meifsnischen Bundesgenossen gegen diese Stadt ein. Als Graf Johann von
Schwarzburg-Wachsenburg nach einem unglücklichen Kampf
mit dem Bischof von Würzburg zur Auslösung seiner gefangenen Mannen gröfserer Geldsummen bedurfte, beschlofs
er, seine Schlösser Wachsenburg, Schwarzwald und Liebenstein (im Gothaischen) zu verkaufen [3]. Obwohl diese landgräfliche Lehen waren, und den Wettinern also das Vorkaufsrecht zustand, bot er sie nicht ihnen, sondern Erfurt an,
entweder weil er von dieser reichen Stadt, die stets bereit
war, durch Ankauf von Ortschaften ihren Besitz zu mehren,
schnellere Zahlung erhoffte, oder weil er, wie die meisten
thüringischen Herren, sich scheute, die territoriale Macht der
Landgrafen zu stärken. Graf Johann war bereits mit erfurti-
schen Abgesandten auf der Reise zum Kaiser [4], um von diesem
eine Bestätigung des Kaufgeschäftes zu erlangen, doch auf
die Bitte der Markgrafen wurde er von einem Herzog von
Bayern gefangen. Nachdem der Kaiser, der sich damals in
Italien befand, wohin ihn Markgraf Wilhelm begleitete [5], am
25. März 1369 den Grafen von Schwarzburg wegen des rechts-
widrigen Verkaufs jener Ortschaften, die er von dem Landgrafen und diese vom Reiche zu Lehen hätten, gerügt und
ihn aufgefordert hatte, sich vor den Markgrafen zu verantworten [6], erklärte sich der noch in bayrischer Haft befindliche

---

[1] Diese Schlösser befanden sich noch 1372 im Besitz der Markgrafen;
Karl IV. garantierte sie ihnen in der Vertragsurkunde vom 25. November
1372. Später sind sie wieder in braunschweigischen Besitz übergegangen;
denn 1375 gelobte Herzog Albrecht von Braunschweig dem Herzoge Otto von
Braunschweig, Burgfrieden zu halten in Hindenburg und Windhausen. Sudendorf a. a. O. V S. 70.

[2] Das beweisen die Soldregister (siehe oben S. 24 f. Anm. 6. 3).

[3] Hist. Pist. S. 1350 (damit übereinstimmend Historia Landgraviorum
bei Eccard a. a. O. S. 458). Vgl. Jovius: Chron. Schwarzburgicum bei
Schöttgen-Kreyfsig: Diplomataria et Scriptores historiae Germaniae medii
aevi (Altenburg 1753) I S. 244, und Polack: Die Landgrafen von Thüringen
(Gotha 1865) S. 363 f., der seine Darstellung nach Chroniken giebt.

[4] Wann diese Reise zum Kaiser und die vorangehenden Verhandlungen
stattfanden, ist nicht sicher festzustellen. Da Graf Johann durch bayrisches
Gebiet zog, um zum Kaiser zu gelangen, wird die Reise wahrscheinlich ins
Jahr 1368 fallen, wo Karl in Italien weilte. Diese Annahme stimmt zu dem
urkundlich beglaubigten Abschlufs der Verhandlungen Anfang 1369.

[5] Wenck a. a. O. S. 17 Anm. 4.

[6] Kaiserliche U. in Lucca ausgestellt. RK. n. 4731.

Graf Johann am 19. Mai bereit, die drei Schlösser den Markgrafen zu verkaufen[1]. Erfurt wurde gezwungen, auf den
Kauf zu verzichten, und die Wettiner erstanden die Besitzungen für 10500 Mark[2].

Eifrig waren die Landgrafen auch anderweitig darauf bedacht, durch „Kauf und Lösung" ihr Gebiet zu erweitern.
Ausdrücklich wurde festgesetzt, daſs man die von dem Kaiser
für die Lösung der Lausitz erhaltene Summe nur zu diesem
Zweck verwenden sollte[3]. Wie sie den Grafen von Schwarzburg dazu gedrängt hatten, ihnen die genannten Schlösser
käuflich zu überlassen, so hatten sie schon vorher die Burggrafen von Leisnig gezwungen, ihnen ihre ganze Herrschaft
zu verkaufen. Ein Streit der Burggrafen Heinrich und
Albrecht mit dem Kloster Buch gab ihnen Gelegenheit zur
Einmischung[4]. Die Folge des im Sommer 1365 von Markgraf Wilhelm mit Leisnig geführten Krieges waren die er-
zwungenen Kaufverträge[5], kraft deren die Burggrafschaft, die
Kaiser Ludwig im Jahre 1329 unter markgräfliche Lehns-
herrlichkeit gestellt hatte, für 3500 Schock breiter Groschen
erb- und eigentümlich in den Besitz der Markgrafen über-
ging. — Als Pfandschaft erwarben die Wettiner von dem
Grafen von Hohenstein die Veste Scharzfels[6] (am Oberharz)
und von dem Bistum Halberstadt Hettstedt und Gattersleben[7]
(im Mansfeldischen). Durch Pfandschaft ging das Henne-
bergische Kastell Elgersburg und später durch Kauf die Stadt
Schleusingen[8] an die Markgrafen über. Ihr Schwager[9]

---

[1] U.U. der Grafen Günther und Johann von Schwarzburg vom 19. Mai
1369. Or. GA. Weimar, Reg. Ee. n. 510. 509. Ungenauer Abdruck bei Struve:
Historisch-politisches Archiv (Jena 1722) IV S. 122 f. Daſs Johann noch
in bayrischer Haft war, geht aus der Stelle hervor: „also lange bis wir
grave Johann des gefeyngnis von unsern herren von Beygern ledig werdin
gesait".

[2] 4000 Mark hatten die Markgrafen schon bezahlt, die übrige Summe
trugen sie in Raten ab, am 22. Dezember quittierten die Schwarzburger über
350 Mark. Or. 3951.

[3] Siehe oben S. 13 Anm. 2, vgl. Wenck a. a. O. S. 16 Anm. 2.

[4] Hingst in den Mitteilungen des Geschichtsvereins zu Leisnig II S. 15.

[5] Die betreffenden U.U. vom 28. Juni, 13. und 20. August, 4. September
1365. Or. GA. Weimar, Reg. Aa S. 225 B. III. n. 7a—b, Or. HStA. Dresden,
3808, Depos. Leisn. n. 1.

[6] U. der Grafen von Hohenstein vom 6. Juli 1365. Or. 3805.

[7] U. vom 29. Oktober 1365. Schmidt: UB. des Hochstifts Halberstadt
IV S. 73.

[8] Die U.U. über Elgersburg vom 13. Dezember 1365 bei Brückner:
Hennebergisches Urkundenbuch III (Meiningen 1857) S. 55; Struve a. a. O.
IV S. 120 Gezahlt waren die 2000 Mark schon am 28. April; siehe die
Quittungsurkunde der Vormünder der Henneberger Grafen: Monumenta Zolle-
rana, herausg. von v. Stillfried u. Märcker (Berlin 1852 ff.) IV S. 63. n. 57. —
Über Schleusingen siehe die U.U. vom 24. Oktober und 23. November 1367.
Or. 3872 und Brückner a. a. O. III S. 64.

[9] Friedrich V. von Nürnberg (1357—98) war vermählt mit Elisabeth
von Meiſsen, der Schwester der Markgrafen.

Friedrich von Nürnberg verpfändete ihnen für geliehene 3000 Schock Prager Groschen eine Reihe fränkischer Ortschaften am Fichtelgebirge [1]. Mit diesem Fürsten standen die Markgrafen während der beiderseitigen langen Regierung in den engsten politischen und persönlichen Beziehungen. Sie zogen ihn in inneren Angelegenheiten oft zu Rate, wählten ihn als Vermittler, wenn sie selbst untereinander ein neues Regierungs- und Verwaltungssystem ihrer Territorien vereinbarten [2], und übertrugen ihm das Schiedsrichteramt bei Auseinandersetzungen mit fremden Fürsten. Friedrich V. von Nürnberg erwiderte das Vertrauen seiner Schwäger, indem er den Markgrafen Friedrich mit dem Landgrafen von Leuchtenberg zum Verweser der Nürnbergischen Besitzungen und zum Vormund seiner Töchter für den Fall seines Todes bestellte. Am 24. Dezember 1365 belehnte der Kaiser diese beiden Fürsten auf Bitten des Burggrafen mit den Nürnbergischen Reichslehen [3]. — Der Abt Heinrich von Fulda, der sich 1365 mit seinem Stifte auf sechs Jahre in den Schutz der Landgrafen begab und ihnen alle seine Schlösser zur Verfügung stellte [4], verkaufte ihnen bald darauf seine Städte Salzungen und Lichtenberg für die beträchtliche Summe von mehr als 6000 Mark [5]. Die letzte der gröfseren Besitzungen, die die Markgrafen auf diese Weise gewannen, war die reiche Herrschaft Sangerhausen, die ihnen der geldbedürftige Herzog Magnus von Braunschweig infolge der Kaufverträge von 1369 (und 1372) überliefs [6].

---

[1] U. vom 13. Dezember 1365. Cop. 26 fol. 58 b. Entliehen hatte er die 3000 Schock am 19. November 1364. Mon. Zoller. IV S. 50. Tausend Schock zahlte er zurück am 31. März 1368. Lang: Regesta Boica (München 1822 ff.) IX S. 197.

[2] Siehe Excurs.

[3] Mon. Zoller. IV S. 75. Desgleichen belehnten die Bischöfe Albrecht von Würzburg und Ludwig von Bamberg die beiden Verweser mit den Lehen, die der Burggraf von diesen Bistümern trug. Mon. Zoller. IV S. 114 f. und S. 126. Gegenrevers Friedrichs von Meifsen vom 27. März 1367. Cop. 25 fol. 143. Dagegen wurde Friedrich V. zum Vormund der Landgräfin Katharina, Friedrichs von Meifsen Gemahlin, ernannt. Am 21. März 1367 belehnte der Kaiser ihn mit den der Katharina erblich zugefallenen Reichslehen in Franken und mit denen, die ihr Gemahl ihr als Leibgedinge gegeben hatte. Or. GA. Weimar, Reg. F S. 38 B. n. 4d. In RK. n. 4510 wird Katharina fälschlich die Schwester des Burggrafen Friedrich V. genannt, sie war eine Hennebergerin.

[4] Am 26. November. Or. Weimar, Reg. Rr S. 401 IV E. n. 1 [1].

[5] U. vom 2. Februar 1366. Cop. 26 fol. 59 f.

[6] Hist. Landgraviorum bei Eccard a. a. O. S. 459; Chron. Terrae Misnensis bei Mencke a. a. O. II S. 333; U. des Herzogs Magnus vom 24. August 1369. Or. 3937, Gegenurk. der Markgrafen vom 26. August. Or. 3938. Horn: Nützliche Sammlungen zu einer historischen Handbibliothek von Sachsen (Leipzig 1728) S. 235 hat anscheinend die vom 1. August datierte U. des Cop. 26 fol. 80 abgedruckt. — U.U. Magnus' und der Markgrafen vom 4. April 1372. Or.Or. 4017. 4018. — Am 13. Juli 1372 quittiert Magnus über die ganze Summe. Or. 4030. Vgl. Sudendorf a. a. O. III Einl. S. XXXVIII f. und IV S. CI.

Zwar tragen diese Erwerbungen der Markgrafen nicht sämtlich einen definitiven Charakter, weil die Veräufserer sich meistens das Recht des Wiederkaufs oder der Einlösung vorbehielten[1], aber das Verfahren der Wettiner war das richtig gewählte Mittel, um von langer Hand dauernde Erwerbungen vorzubereiten. Ein grofser Teil jener Ortschaften und Städte befand sich 1372 noch in ihrem Besitz und wurde ihnen von Karl IV. garantiert, um später für immer an Meifsen-Thüringen zu fallen[2]. Diese Politik der Markgrafen, die auf konsequente Vermehrung ihres Besitzstandes hinzielte, mufste naturgemäfs das Bestreben in sich schliefsen, eine Verzettelung ihrer Gebietsteile, sowie eine Stärkung der unabhängigen Gewalten innerhalb ihrer Territorien sorgsam zu vermeiden. Deshalb verpflichteten sie bei unumgänglichen Verpfändungen von Besitzungen die Empfänger, meist markgräfliche Vasallen oder kleine Herren, nachdrücklich, die Pfandstücke, falls dieselben nicht bis zum festgesetzten Termine eingelöst würden, nur an solche Leute weiter zu veräufsern, die in meifsnisch-thüringischem Lehnsverband ständen[3]. Dadurch wollten sie verhüten, dafs die verpfändeten Ortschaften in den Pfandbesitz fremder Fürsten oder Städte übergingen. Mit besonderem Nachdruck verboten sie eine Weiterveräufserung solcher Versatzstücke an die Städte Erfurt, Mühlhausen und Nordhausen[4], in deren Gebietserweiterung sie eine Gefahr für ihre landesherrliche Macht erblickten.

3.

Es ist nicht unwahrscheinlich, dafs die centralisierende Politik der Markgrafen in dieser Zeit mit den Fortschritten der böhmischen Territorialpolitik im Zusammenhange stand. Vielleicht war der kluge Luxemburger selbst der Lehrmeister

---

[1] Zu erblichem Eigentum waren nur Leisnig, sowie die Schwarzburgischen Schlösser Wachsenburg, Liebenstein und Schwarzenwalde verkauft worden.

[2] Karl IV. garantierte den Markgrafen in der Pirnaer Vertragsurkunde (siehe unten S. 49) den Besitz bezw. Pfandbesitz von Lichtenberg, Salzungen, Elgersburg, Schleusingen, Hettstedt, Gattersleben und Sangerhausen.

[3] Bei der Verpfändung von Wiehe an Gebhardt von Querfurt am 21. November 1367 gestatteten die Markgrafen nur eine Weiterverpfändung an „ire besezzen manne". Or. 3876, bei der von Herbsleben an die Grafen von Schwarzburg (die wegen ihrer thüringischen Lehen als landgräfliche Vasallen angesehen werden) wurde eine Weiterveräufserung nur an einen „genozzen oder undergenozzen", nicht aber an Erfurt, Mühlhausen, Nordhausen und andere Städte gestattet. U. vom 3. Dezember 1369. Cop. 26 fol. 83b. 84. Gegenurkunde der Schwarzburger. Th. Gqu. VI S. 328. Auch in späteren Hausverträgen hielt man an dem Grundsatz fest, Besitzungen nicht an „mächtige Fürsten und Städte" zu veräufsern. Siehe z. B. den Teilungsvertrag von 1410. Lünig RA. VIII S. 202.

[4] Th. Gqu. VI S. 326 und öfters.

der Wettiner. Freilich für Karl IV. waren die Bedingungen
einer Erweiterung seiner Hausmacht um Vieles günstiger als
für die Markgrafen. Des Königs Streben, in den Wettinischen Ländern Besitzungen oder Vasallen für die Krone
Böhmen zu gewinnen, wurde erleichtert durch die Bemühungen
der zahlreichen kleineren reichsunmittelbaren Herren, sich
dem Einflusse der Landesherren von Meifsen und Thüringen
um jeden Preis zu entziehen. Meistens besafsen diese Dynasten aufser ihren Reichslehen auch meifsnische oder thüringische Lehnsstücke. Je eifriger sich nun die Markgrafen
bemühten, diese kleinen Gewalten völlig unter ihre Lehens-
herrlichkeit zu bringen und so ihre Territorien abzurunden,
desto zäher suchten jene ihre reichsunmittelbare Stellung zu
behaupten. Das beste Mittel dazu war Anschlufs an das ent-
ferntere mächtige Böhmen. Begaben sie sich mit einem Teile
ihrer Reichslehen unter böhmische Lehnshoheit, oder trugen
sie auch nur ein Allod der Krone Böhmen auf, so waren sie
des Schutzes dieses Grofsstaates sicher. Karl IV., der so viel
Talent und Leidenschaft für Landerwerb besafs, durchschaute
diese Verhältnisse völlig. Er hütete sich, im Gegensatz zu
seinem Vorgänger Kaiser Ludwig, der landesherrlichen Macht
in ihrem Verhältnis zu den Dynasten die geringsten Zu-
geständnisse zu machen, obwohl er im übrigen die Wettiner
mit Gnadengeschenken überschüttete. Er trachtete vielmehr
darnach, diese unabhängigen Herren an die Krone Böhmen
zu fesseln. Geflissentlich kam er ihnen mit der Liebens-
würdigkeit, die seiner kaufmännischen Natur eigen war, entgegen, indem er sie entweder an seinen Hof zog und durch
Hofämter ehrte, oder mit böhmischen Lehen ausstattete, oder
sonst durch kaiserliche und königliche Gnadenerweisungen
auszeichnete[1]. Einer der bekanntesten dieser meifsnischen
Edlen, der den gröfsten Teil seines Lebens dem böhmischen
Dienste widmete, war Thimo von Colditz. Als Kammermeister
des Kaisers befand er sich meist in dessen Umgebung oder
wurde zu diplomatischen Missionen und Verwaltungsgeschäften
von Karl verwandt[2]. Auch zu den Meifsner Markgrafen
stand Thimo in nahen Beziehungen; gerade durch sein ver-
trautes Verhältnis zum Kaiser wurde er den Wettinern wichtig

---

[1] Zahlreiche meifsnische und thüringische Edle befanden sich im Dienst
Karls IV.: Heinrich Graf von Schwarzburg-Arnstadt wird 1365 „secretarius
et commensualis continuus" des Kaisers genannt. Gqu.Pr.S. XXII S. 189.
n. 687. Ihn ernannte Karl zum Hauptmann der Mark Brandenburg. Sein
Bruder Johann und Graf Friedrich von Orlamünde waren ebenfalls vom
Kaiser gewählte Beamte in der Mark. Scholz a. a. O. S. 17. Thimo von
Colditz war Kammermeister des Kaisers, Landvogt der Oberlausitz und dann
Landeshauptmann von Breslau. Botho von Ilburg war Pfleger von Roten-
burg. RK. n. 4970.
[2] Lippert in M. V. Deutsch. Böhm. XXX S. 103.

und konnte ihnen als Vermittler zwischen ihnen und dem Prager Hofe hervorragende Dienste leisten. Im Jahre 1367 belehnten sie ihn auf seine Bitte mit einer grofsen Zahl Güter und Ortschaften, die er durch Erbschaft von seinem Vetter und durch Kauf von dem Leisniger Burggrafen erlangt hatte. Diese waren sämtlich meifsnische Lehen. Erwähnte Besitzungen und seine anderen Lehen reichten sie ihm in anbetracht der vielen Dienste, die er und seine Vorfahren dem markgräflichen Hause geleistet hätten, zu erblichem und ewigem Besitze mit dem Rechte, dieselben nach seinem Willen zu veräufsern, doch so, dafs den markgräflichen Herrschaften und Lehen kein Schaden aus diesen Veräufserungen erwüchse[1]. Indes liefs er sich hierdurch nicht abhalten, ein Jahr darauf seine reichslehnbare[2] Herrschaft Colditz (am Zusammenflufs der Mulden) mit 48 Dörfern dem Könige Wenzel von Böhmen zu Lehen aufzutragen mit der eigentümlichen Begründung: „Weil ihm von den Königen von Böhmen viel Gutes, Nutz und Schirm widerfahren sei, und ihn niemand so gut verteidigen und bei Ehren erhalten könne, als die böhmischen Könige, da seine Besitzungen ihnen nahe gelegen seien[3]." Am 20. März 1368 bestätigte der Kaiser diese Auftragung und belehnte seinen Sohn mit der Herrschaft Colditz[4]. — Noch gewinnbringender als dieser Schritt des Colditzers war der Anschlufs des mächtigsten Dynastengeschlechts im Pleifsenlande, der Herren von Schönburg, an Böhmen. Dies in verschiedene Linien gespaltene Geschlecht[5] besafs aufser seinen

---

[1] U. vom 18. März 1367. Or. 3853.

[2] Die Herrschaft Colditz war 1358 von Kaiser Friedrich I. zum Reichslehen erhoben worden. Cod. dipl. Sax. I. 2 S. 189: „predia, que nos regno contulimus, videlicet.... castrum Colidiz et Temonem ministerialem nostrum.... cum omnibus prediis et beneficiis suis, quorum summa in XX villis consistit." Dafs sie auch noch unter Karl IV. unmittelbares Reichslehen war, wie in der Auflassungsurkunde gesagt wird, scheint daraus hervorzugehen, dafs die Markgrafen diese Herrschaft niemals unter ihren Lehen nennen. Auch in der erwähnten U. vom 18. März 1367 wird Colditz nicht genannt, obwohl die einzelnen Distrikte und Weichbilde, in denen die wettinischen Lehnsstücke lagen (Dresden, Grofsenhain, Meifsen, Grimma, Oschatz, Weifsenfels, Leipzig, Pegau, Borna, Rochlitz) ausdrücklich aufgezählt werden. Schwerlich würden die Markgrafen die Hauptbesitzung Colditz in diesem Lehnbrief ausgelassen haben, wenn sie diese Herrschaft als ihr Lehen angesehen hätten.

[3] U. vom 17. März 1368. Lünig CJF. II S. 153.

[4] Ebenda S. 155; RK. n. 4627.

[5] Die Geschichte des Hauses Schönburg in diesem Jahrhundert bedarf noch der Aufhellung. Die Feststellung der verwickelten Besitzverhältnisse der einzelnen Linien ist äufserst schwierig. Urkundlich wird in der zweiten Hälfte des 14. Jahrh. die Glauchauer Linie vertreten durch Friedrich, der in nahen Beziehungen zu den Markgrafen stand und am 17. August 1374 von Friedrich und Balthasar zum Verwalter ihrer Einkünfte bestellt wurde (siehe Exkurs). Er besafs als wettinische Lehen Ziegelheim, Arnoldsdorf, Albrechtsdorf u. a. (Lehnbuch Friedrichs II. 1349. Cop. 24 fol. 1 ff.). Dafs die Herrschaft Glauchau selbst nicht im wettinischen Lehnsverband

reichslehenbaren Besitzungen Glauchau, Meerane und Stollberg (südwestlich von Chemnitz) auch beträchtliche böhmische
und meifsnische Lehen. Karl IV. erwies dem Hause Schönburg vielfache Gnaden. Im Jahre 1360 bestätigte er die Erbverbrüderung zwischen Friedrich von Schönburg-Hassenstein
und Hans von Waldenburg und belehnte sie gemeinsam mit
allen ihren bei dem Reiche und Böhmen zu Lehen gehenden
Herrschaften[1]. In den ersten Tagen des Juni 1367 traf er
in Kaaden mit den Brüdern Bernhard von Hassenstein und
Hermann von Crimmitschau zusammen, die sich bereits vor
1361 durch die Auflassung ihrer grofsen Herrschaft Meerane
um die Krone Böhmen wohl verdient gemacht hatten. Karl
hoffte durch reichliche Privilegien noch mehr zu erlangen. Er
versprach, jene gegen die Ansprüche ihrer Verwandten auf das
böhmische Lehen Hassenstein zu schirmen[2] und wies sie und
ihre Untergebenen auf dieser böhmischen Herrschaft, nachdem

---

stand, sondern unmittelbares Reichslehen war, beweist das Bündnis, das
Mathilde von Schönburg-Glauchau und ihr Sohn Friedrich mit Markgraf
Friedrich II. von Meifsen 1335 schlofsen. Vorläufige Anzeige von den
Territorial-Gerechtsamen des Churhauses Sachsen in den von der Krone
Böhmen zu Lehn gehenden Schönburgischen Herrschaften Glauchau, Walden-
burg und Lichtenstein (1723), Beilagen S. 80. n. XXXII. Sie gelobten dem
Markgrafen mit ihrer Stadt Glauchau zu helfen; dies Bündnis wäre lehns-
rechtlich nicht möglich gewesen, wenn Glauchau wettinisches Lehen gewesen
wäre. Auch wird Glauchau niemals unter den wettinischen Lehen genannt. —
Der Crimmitschau-Hassensteiner Linie gehören an: die Neffen Friedrichs von Glauchau, die Brüder Hermann (von Crimmitschau), Bernhard (von
Hassenstein) und Sigmund (von Crimmitschau). Crimmitschau war wettinisches (Lehnbuch Friedrichs II. 1339. Cop. 24), Hassenstein dagegen böhmisches Lehen. Hermann und Bernhard verkauften 1367 ihr Reichslehen
Stollberg an Böhmen. Meerane mit den zugehörigen Ortschaften Dennheritz,
Seifertitz, Gesau, Tettau und der silva Scheidenbach müssen sie schon früher
an Karl IV. veräufsert haben; denn 1361 stellten sie einen Lehnsrevers über
diese Herrschaft aus. Vorläufige Gegenanzeige, betreffend . . . . der Krone
Böhmen Gerechtsame bei den Reichs-After-Lehns-Herrschaften Glauchau,
Waldenburg und Lichtenstein (1724) Beilagen H. 3. —
Pürsteiner Linie: die Brüder Friedrichs von Hassenstein, Albrecht
und Dietrich besafsen als böhmische Lehen Pürstein [a. d. Eger, nicht
Purschenstein bei Sayda; denn dieses trugen die Herren von Riesenburg und
darnach die Burggrafen von Meifsen als wettinisches Lehen. Märcker: Burggraftum Meifsen S. 479. 483], Egerberg, Teile von Warta, Brefsnitz, Brunners-
dorf u. a., siehe den Lehnsrevers über diese Besitzungen vom 5. Oktober
1352. Vorläufige Gegenanzeige Beil. G 3 und Balbinus: Miscellanea VIII
S. 152. Als meifsnische Lehen besafsen sie Ponitz und Lichtenstein (Lehnbuch Friedrichs II. 1349. Cop. 24). Diese Pürsteiner Schönburge und Friedrich von Glauchau belehnte Karl IV. am 21. April 1371 zu gesamter Hand
mit allen ihren böhmischen Lehen. U. Karls und die Bestätigung Wenzels
vom 18. Mai 1371. Vorläufige Gegenanzeige Beil. J 3. — Über die Genealogie der Schönburge siehe Vogel bei Kreysig: Beiträge zur Historie der
Sächsischen Lande (Altenburg 1756) III S. 76 ff.; Stocklöw in den M. V.
Deutsch. Böhm. Jahrgang XIV (1876) S. 172 ff.; und besonders Eckardt:
Chronik von Glauchau (Glauchau 1882) cap. 3.

[1] Am 28. August. RK. n. 7023.
[2] Am 2. Juni 1367. RK. n. 4530.

er sie von der Gerichtsbarkeit der Landrichter eximiert, unmittelbar an das königliche Landgericht[1]. Die Kaadener Zusammenkunft verlief nach dem Wunsche des Kaisers; denn die Schönburge liefsen Stadt und Burg Stollberg für 6000 Schock Prager Groschen an Wenzel auf[2]. An demselben Tage belehnte der Kaiser seinen Sohn als König von Böhmen mit dieser Besitzung[3]. Ferner ist anzunehmen, dafs die Glauchauer Linie der Schönburge in dieser Zeit ihr Reichslehen Glauchau an Böhmen aufgetragen hat, denn in der Pirnaer Vertragsurkunde vom 25. November 1372 findet sich diese Herrschaft unter den böhmischen Lehnsstücken[4]. Auch Waldenburg (an der Zwickauer Mulde), mit dessen Besitzern die Herren von Schönburg-Hassenstein eine Erbverbrüderung geschlossen hatten, wurde böhmisches Lehen[5].

Weiterhin erwarb der Kaiser an der nördlichen Grenze von Meifsen, da, wo die Mulde in kurfürstlich sächsisches Gebiet eintrat, den wichtigen Platz Eilenburg[6]. — Um die südwestliche Grenze der Lausitz weiter vorzuschieben, liefs Karl IV. von dem geldbedürftigen Bischof Gerhard von Naumburg die Stadt Strehla a. d. E. nebst acht anderen Ortschaften in der Elbgegend zwischen Torgau und Riesa durch den

---

[1] Am 1. Juni 1367. RK. n. 4529.

[2] Lünig: Codex Germaniae diplomaticus (Frankfurt u. Leipzig 1732) I S. 1319. Ob Stollberg in der That Reichslehen war, wie die Urkunden der Schönburge und des Kaisers sagen, habe ich nicht ermitteln können. Unter den wettinischen Lehnstücken wird es niemals genannt, erst in der Beschwerdeschrift von 1372 nehmen die Markgrafen es für sich in Anspruch.

[3] Lünig a. a. O. S. 1319. RK. n. 4531.

[4] Aus der erwähnten U. vom 21. April 1371 (siehe S. 32 Anm. 5 u.), in der Karl IV. die Pürsteiner Schönburge und Friedrich von Glauchau zu gesamter Hand mit ihren böhmischen Lehen belehnt (die Lehen sind nicht namentlich angeführt) geht hervor, dafs Glauchau bereits unter böhmischer Lehnshoheit stand; denn andere böhmische Lehen besafs Friedrich von Glauchau, soweit sich ersehen läfst, nicht. Er mufs Glauchau vor dieser Zeit Karl IV. aufgetragen haben. Die Auflassungsurkunde scheint verloren gegangen zu sein. In der Pirnaer U. vom 25. November 1372 garantieren die Markgrafen die böhmische Lehnshoheit über Glauchau.

[5] Ebenda. — Sehr wahrscheinlich war die Herrschaft Waldenburg ursprünglich Reichslehen und ist 1360—1372 Karl IV. aufgetragen worden. Am 20. Mai 1360 schlofsen Friedrich von Schönburg-Hassenstein, Hans von Waldenburg, Herr daselbst und Hans, sein Sohn mit den Markgrafen ein Bündnis und versprachen ihnen mit allen ihren Festen u. s. w. zu helfen und zu dienen, aufser mit den Festen, „die wir von dem romischen Rich und dem Konigrich Boehmen habin, damit sullen wir in wider das Rich und Kunigrich . . . . . nicht helffen". Vorläufige Anzeige Beilagen S. 81. n. XXXIII. In der kaiserl. Gesamtbelehnungsurk. vom 28. August 1360. RK. n. 7023 werden ebenfalls böhmische und Reichslehen genannt. Unter den Reichslehen wird die Herrschaft Waldenburg zu verstehen sein, da Friedrich von Hassenstein keine Reichslehen besafs.

[6] Pirnaer U. der Markgrafen von 1372. — Die Erwerbung Eilenburgs durch Karl IV. hing zusammen mit der der lausitzer Lehen der Ilburger und war eine Folge des Pirnaer Vertrages von 1364. Siehe Lippert: Wettiner S. 156.

Herzog Bolko von Schweidnitz ankaufen[1]. Dieser vor-
geschobene Pfandinhaber der Lausitz stellte die Kaufurkunde
aus, doch wird man in dem Kaiser den wirklichen Käufer
erkennen dürfen. Bald darauf, am 11. Oktober 1367, wurde
die Lausitz von dem Markgrafen Otto von Brandenburg an
die Krone Böhmen verkauft[2], und unter den Fürsten, die am
13. Januar 1368 in Nürnberg eine Erneuerung dieses Verkaufs bezeugten, befand sich auch Markgraf Wilhelm von
Meifsen[3]. Nach dem Tode Herzog Bolkos am 28. Juli 1368
wurden die Luxemburger thatsächlich Herren der Lausitz.
Und nachdem der Kaiser noch die Herrschaft Mühlberg von
den Herren von Querfurt gekauft und Würdenhain erworben
hatte[4], verleibte er im Jahre 1370 den ganzen Länderkomplex
der Krone Böhmen ein[5]. So beherrschte Karl IV. durch
Mühlberg und Strehla auch die gröfste Wasserstrafse bei
ihrem Austritt aus der Markgrafschaft Meifsen. — Nicht
minder war er auf die Vermehrung seiner vogtländischen
Besitzungen bedacht[6]. Im Jahre 1367 trug Heinrich Reufs
von Plauen ihm sein Allod, die Feste Treuen (s. von
Reichenbach), auf und empfing sie als böhmisches Mannlehen
zurück[7]. Gleichzeitig verkaufte er seine Herrschaft Reichen-

---

[1] Märcker a. a. O. S. 176. 286. Die andern Orte waren Hirschstein,
Glaubitz, Tiefenau (a. d. kl. Röder), Elsterwerda, Dahlen, Lesenitz (Lösnig(?)
n. von Strehla), Gröba, Friedmannswalde (jetzt Wüstung n.-ö. von Torgau.
Schumann: Staats- Post- u. Zeitungslexikon von Sachsen (Zwickau 1814 ff.)
XVIII S. 1089). Strehla und Dahlen waren 1307 an Otto von Ilburg verliehen worden. Die Meifsner Markgrafen besafsen gewisse Einkünfte in
Strehla als Naumburgische Lehen. Vgl. Lepsius: Geschichte der Bischöfe
des Hochstifts Naumburg (Naumburg 1846) I S. 219 Anm. 1. Tiefenau war
1284 als stiftisches Lehen an Meifsen verkauft worden. Ebenda S. 112.
Diese Verhältnisse scheint Bischof Gerhard bei dem Verkaufe an Herzog
Bolko nicht beachtet zu haben; er sagt in dem Verkaufsbrief: „alle Güter
die er jenseits der Mulde hat, ausgenommen die, welche zu Lehen von
ihm haben die Herzöge von Sachsen, die Markgrafen von Meifsen und
die Burggrafen von Meifsen". Märcker a. a. O. S. 285 Anm. 14 u. S. 286.
[2] Werunsky a. a. O. III S. 374. Scholz a. a. O. S. 19.
[3] RS. n. 456. RK. n. 4610a mit dem falschen Datum des 13. Februar
statt 13. Januar.
[4] Siehe Knothe in SA. VI S. 196 und Bertram: Chronik der Stadt und
des Klosters Mühlberg S. 9. Nach Pelzel a. a. O. II S. 837 stellten die
Herzöge von Sachsen am 21. April 1371 eine Verkaufsurkunde über Mühlberg und Würdenhain (a. d. schwarzen Elster) aus; da aber Karl diese
Herrschaften bereits am 1. August 1370 feierlich der Krone Böhmen ein-
verleibte, können die sächsischen Herzöge, die vielleicht Rechte auf diese
Besitzungen hatten, den Kauf nur bestätigt haben.
[5] Am 1. August 1370. RK. n. 4863. Das Nähere darüber siehe bei
Lippert a. a. O. S. 171 Anm. 17.
[6] Vgl. Wenck: Vogtländ. Krieg a. a. O. S. 17* ff., wo die meisten
böhmischen Erwerbungen aufgezählt sind.
[7] U.U. des Kaisers und Vogtes vom 21. März. Th. Gqu. V. 2 = UB.
der Vögte von Weida, Gera und Plauen herausg. von B. Schmidt (Jena 1892)
II S. 127 ff. Dafs Treuen Reichslehen war (siehe Kaiser Ludwigs Belch-
nungsurkunde vom 23 Juni 1329. Lünig RA. XI S. 207), scheint aufser

bach mit den zugehörigen Dörfern, die bereits böhmisches
Lehen war, für eine auffallend geringe Summe an die Könige
von Böhmen zu eigentümlichem Besitz[1]. An diese Erwerbungen schlossen sich endlich an: Schöneck[2] im oberen
Elstergebiet und Gattendorf[3], Münchberg und Schönbach[4] im
oberen Saalegebiet. Schon zum Jahre 1369 konnte daher der
Lobredner seines Königs, Benesch von Weitmühl, triumphierend
bemerken: „In dieser Zeit kaufte der Kaiser im Vogtlande
nach Meißen und Thüringen hin viele starke Festen für die
Krone Böhmen, und gewaltig wurde das Königreich erweitert
und nach allen Richtungen hin ausgedehnt[5]."

Auf thüringischem Boden hatte der Kaiser einen beträchtlichen Teil der Grafschaft Schwarzburg erworben. Denn
schon im Jahre 1361 hatten sich die Grafen von Schwarzburg-
Arnstadt, die in besonderer Gunst bei Karl IV. standen, mit
ihrem Reichslehen Saalfeld nebst den umliegenden Besitzungen
und ihrer allodialen Herrschaft Rudolstadt unter die böhmische
Lehnshoheit gestellt[6]. Die Leutenberger Linie der Grafen
von Schwarzburg verkaufte gleichfalls ihre allodiale Stadt
und Burg Leutenberg, sowie Remda an Karl und empfing
diese Besitzungen als böhmische Kronlehen[7].

Die Erfolge der böhmischen Politik waren also glänzende.
Und was der Kaiser einmal erworben hatte, hielt er fest.
Mit derselben peinlichen Vorsicht, mit der er in Dutzenden
von Urkunden seinen Bruder, Johann von Mähren, verpflichtete,
niemals und auf keine Weise eine mährische Besitzung der
Krone Böhmen zu entfremden, richtete er immer und immer
wieder Verbote an seine zahllosen innerdeutschen Vasallen,
sich mit ihren Besitzungen, auch nicht mit Eigengütern, in
den Schutz fremder Fürsten zu begeben oder Ladungen vor

Acht gelassen worden zu sein. Es wird hier als „frey veterlich aigen, vreyes
eygen" bezeichnet. Vgl. Herzog im SA. XI S. 424.
   [1] Th. Gqu. V. 2 S. 125. Der Kaufpreis betrug nur 600 Schock Prag.
Groschen.
   [2] Wenck a. a. O. S. 18*.
   [3] Vergleich des Heinrich Moschler und seines Sohnes mit Karl IV.
vom 20. Juni 1371. Lünig: Cod. Germ. dipl. I S. 1339. Vgl. von Reitzenstein a. a. O. I S. 121.
   [4] Hans von Sparneck verkaufte 1370 Münchberg und die Hälfte von
Schönbach. Riegger a. a. O. III S. 309. In demselben Jahre vertauschten
die Gebrüder von Sparneck ihren Teil an Schönbach und alle anderen von
dem Kloster Waldsassen erkauften Güter an Karl IV. gegen die ihm 1361
verkaufte Feste Sparneck. Riegger a. a. O. III S. 309; Lünig a. a. O. I
S. 1335.
   [5] Benesch von Weitmühl a. a. O. S. 540.
   [6] Am 1. Februar 1361. RK. n. 3539. 7043; Lünig CJF. III S. 211.
Saalfeld, Stein und Kuntzen (?) waren Reichslehen, wie aus den Lehnbriefen
Kaiser Ludwigs von 1323 u. 1330 hervorgeht. Heydenreich: Historie des
fürstlichen Hauses Schwarzburg (Erfurt 1743) S. 83. 86.
   [7] Über den Verkauf von Leutenberg siehe RK. n. 7042.

nicht böhmische Gerichte Folge zu leisten[1]. Als Heinrich
von Plauen es wagte, seine Herrschaft ohne Genehmigung
seines Lehnsherrn an seinen Neffen zu verkaufen, wurde er
in Prag von dem erzürnten Könige zur Rede gestellt und
mußte in demütiger Form auf sein Lehen verzichten[2].

In den meißnisch - thüringischen Territorien besaß Karl
eine Reihe wichtiger Plätze, die im Saalethale von der Quelle
des Flusses an bis Rudolstadt gelegen waren. Eine Kette
böhmischer Besitzungen und Lehen begleitete weiter den Ober-
lauf der Elster und der Zwickauer Mulde, quer durch das
wettinische Gebiet sich hinziehend. Als Herr von Colditz
und Eilenburg stand Karl nicht weit von Leipzig; und durch
die Erwerbung der Herrschaften Mühlberg und Strehla mit
den Elbortschaften Gröba, Glaubitz und Hirschstein hatte sich
die böhmische Macht von der Lausitz aus entlang der Elbe
keilförmig in die meißnische Mark eingeschoben bis dicht
vor die Burg Meißen. Eine Inselbrücke böhmischer Besitzungen schien das nordwestliche Böhmen mit dem südwestlichen Rande der Lausitz zu verbinden. Es ist erklärlich,
daß dieses immer mehr um sich greifende Erwerbungssystem
Böhmens in den wettinischen Gebieten den Markgrafen nicht
gefallen konnte. Da aber Karl IV. bei dem Erreichten nicht
stehen blieb, sondern von den gewonnenen Punkten aus immer
weiter in die fremden Territorien eingriff und zwar bald, ohne
bestehende Rechtsverhältnisse zu beachten, so mußte seine
Ländergier früher oder später einen Bruch zwischen Böhmen
und Meißen herbeiführen.

---

[1] Lünig RA. VI b S. 467 und öfter.
[2] Siehe die Verzichturkunde Heinrichs vom 29. Mai 1359, in der er
sein Mißgeschick den Vasallen der Herrschaft Plauen erzählt. Th. Gqu. V. 2
S. 41 ff. n. 53.

Drittes Kapitel.

Der Bruch der Markgrafen mit dem Kaiser.
1371—1372.

Die meifsnische Politik in den folgenden ereignisreichen Jahren ist eng verflochten mit den allgemeinen politischen Vorgängen im Reiche.

Die Machtvergröfserung des Hauses Luxemburg durch den nach dem Tode Herzog Bolkos 1368 erfolgten Anfall der Herzogtümer Schweidnitz und Jauer und der Niederlausitz rief die Besorgnis der Ostmächte des Reichs und die Eifersucht der deutschen Fürsten wach[1]. König Kasimir von Polen, erschreckt durch das Anwachsen der ihm benachbarten luxemburgischen Ländermassen, einigte sich mit Ludwig dem Grofsen von Ungarn zu einem Bunde gegen den Kaiser. Mit Ungarn verbanden sich die pfälzischen und bayrischen Wittelsbacher. Sie wollten vor allem den Übergang der Mark Brandenburg an das übermächtige Böhmen verhindern. Markgraf Otto selbst, bis vor kurzem ein willenloses Werkzeug in der Hand seines kaiserlichen Schwiegervaters, wurde aufgerüttelt, sobald er Karls Anstalten zur Erwerbung des Kurlandes bemerkte. Als Karl ihn im September 1370 in Nürnberg aufforderte, die Mark Brandenburg noch zu Lebzeiten abzutreten, wurde er ein Gegner des Kaisers und warf sich in die Arme seiner wittelsbachischen Verwandten. — Zur Oppositionspartei gehörte auch der erste Kirchenfürst des Reiches, Gerlach von Mainz[2], der, bis 1366 ein Freund Karls IV., sich aus kirchenpolitischen Gründen mit ihm entzweit hatte.

---

[1] Vgl. die Abhandlungen von ·Steinherz in den Mitteil. des Instituts für östr. Geschichtsforschung IX (1888) S. 572 ff. und Lindner ebenda XII (1891) S. 81 ff.

[2] Werunsky a. a. O. III S. 374 f.

Während so die antikaiserliche Bewegung im Reiche erstarkte und an den Königen von Polen und Ungarn einen Rückhalt fand, entstanden gleichzeitig in Norddeutschland Verwickelungen[1], die für den bedrängten König von Böhmen gefährlich werden konnten.

Der Tod des kinderlosen Herzogs Wilhelm von Braunschweig-Lüneburg, am 23. November 1369, rief einen Erbfolgestreit hervor zwischen Magnus d. J. (Torquatus) von Braunschweig, der schon Wilhelms Mitregent gewesen war und sich im thatsächlichen Besitz des Herzogtums befand, und den Herzögen von Sachsen-Wittenberg, denen der Kaiser den Anfall Lüneburgs verbrieft hatte. Karl war entschlossen, den von Anfang an eng mit ihm verbündeten Askaniern das Herzogtum zu verschaffen; aber ein entschiedenes Eintreten für diese würde vielleicht den Herzog Magnus in das Lager der Opposition getrieben haben. Diese Erwägungen drängten den Kaiser zu einer schwankenden Politik: er erklärte die sächsischen Herzöge als erbberechtigte Herren von Lüneburg und erliefs Befehle an die lüneburgischen Stände, jenen zu huldigen[2]. Gleichwohl verbanden sich die noch unmündigen[3] Söhne des Kaisers sechs Wochen später mit Magnus, indem sie versprachen, ihm zur Behauptung Lüneburgs behilflich zu sein, während er ihnen Beistand in der Brandenburger Angelegenheit gelobte[4]. Dies hinderte Karl nicht, kurz darauf wieder Schritte gegen Magnus zu unternehmen[5] und sich dann entschieden auf die Seite der Askanier zu stellen.

Von hervorragender Wichtigkeit war für den Kaiser in dieser politischen Lage die Haltung der Herren von Meifsen und Thüringen. Wie aus der markgräflichen Beschwerdeschrift des Jahres 1372, die weiter unten eingehend zu besprechen ist, hervorgeht, hatten die böhmischen Erwerbungen innerhalb ihrer Territorien schon seit dem Jahre 1367 eine leicht erklärliche Verstimmung hervorgerufen. Dennoch blieben die Markgrafen dem Bunde mit dem Kaiser treu. Am 26. Januar 1370 fungierte Karl als Schiedsrichter in einem Streite zwischen ihnen und den sächsischen Herzögen wegen des Geleitsrechtes auf der Strafse, die von der Lausitz über Bitterfeld nach Halle führte, und wegen einiger Grenzbesitzungen[6]. An demselben Tage verlieh er den Markgrafen die Vogtei und Pflege der Reichsstadt Nordhausen[7], was

---

[1] Vgl. Wenck: Wettiner S. 17.
[2] RK. n. 4823—4826.
[3] Vormünder Wenzels und Sigmunds waren ihr Oheim Johann von Mähren und Erzbischof Johann von Prag.
[4] RS. n. 507—512, vgl. RK. n. 4848a.
[5] RK. n. 4855. 4856.
[6] Or. (sehr beschädigt) GA. Weimar, Reg. F fol. 182 F. n. I. 2.
[7] RK. n. 4804.

ihnen wegen der feindlichen Stellung dieser Reichsstadt besonders erwünscht sein mußte. Im Juli bevollmächtigte der Kaiser die Wettiner nebst anderen Fürsten zu einem Rechtsverfahren gegen Leute, die König Waldemar von Dänemark beim Reiche verklagt hatte[1]. Nachdem er sie endlich aus der Reichsacht, in die sie eine Privatklage gebracht hatte, gelöst[2], empfahl er ihnen den Schutz der Abtei Fulda[3]. — Das Bündnis, welches am 28. November 1370 die Markgrafen von Meißen und ihr Bruder Ludwig von Bamberg mit den Rheinpfalzgrafen und dem Burggrafen von Nürnberg eingingen[4], trägt ausschließlich den Charakter eines Landfriedens, von dessen Bestimmungen der Kaiser ausdrücklich ausgenommen wird. Sechs Wochen später sehen wir Karl selbst an der Spitze eines Landfriedens, den er mit den genannten Fürsten schloß[5]. Es war eine Erneuerung des Landfriedensbündnisses, das am 24. November 1368 der Erzbischof von Prag im Namen des Kaisers für die Dauer des Zuges nach Italien vereinbart hatte; denn in beiden Einungen finden sich dieselben Fürsten[6].

Es läßt sich urkundlich nachweisen, daß die Wettiner bis Anfang März 1371 ihre kaisertreue Politik beibehalten haben; denn in dem engen Bündnis, das sie am 1. März mit Magnus von Braunschweig schlossen, nahmen sie allein den Kaiser und die Krone Böhmen aus[7]. Wenn sie sich dennoch einige Monate später auf der Seite der kaiserlichen Gegner befanden, so müssen sie durch bestimmte Vorgänge in den Monaten März und April zum Umschwunge in ihrer Politik gedrängt worden sein. Diese Vorgänge aber sind uns bekannt: es waren erneute Bestrebungen der rücksichtslosen böhmischen Erwerbspolitik[8].

Die Markgrafen versuchten gegenüber der Ausbreitung

---

[1] RK. n. 4861.

[2] U. vom 1. Oktober 1370. Or. GA. Weimar, Reg. F S. 38. n. 4c. Es handelte sich wohl um eine Privatklage, der Kläger war Konrad Teler. Am 27. Juli 1366 lud Karl die Markgrafen vor das kaiserliche Gericht: „euch zu verantworten, wes euch Kuncze Teler unser diener hat schult zu geben". Or. GA. Weimar, Reg. A fol. 1a. n. 2a.

[3] RK. n. 4892.

[4] Monumenta Zollerana IV S. 200. Steinherz a. a. O. S. 584 faßt diesen Landfrieden »als ein Bündnis der Gegner Karls« auf, obwohl »der Vertrag ganz unverfängliche, in keiner Weise gegen den Kaiser gerichtete Bestimmungen enthält«. Der Grund leuchtet nicht ein. Vgl. Lindner a. a. O. S. 90.

[5] Am 2. Februar 1371. RK. n. 4933.

[6] RS. n. 489.

[7] Cop. 26 fol. 100b. Die Vermutung Wencks a. a. O. S. 20 hat sich also als richtig erwiesen, nur bestand das Bündnis der Markgrafen mit Magnus schon ein Jahr früher als Wenck annimmt.

[8] Auch hier haben die scharfsinnigen Vermutungen Wencks a. a. O. S. 19 das Richtige getroffen.

der böhmischen Herrschaft in ihren Territorien auch ihrerseits
weitere Erwerbungen zu machen[1]. Nachdem sie Schleiz in
ihren Lehnsnexus gezogen[2], kauften sie von den Vögten von
Gera das Schloſs Lobenstein (an der Saale) und einige Lehen
bei Hof für 2000 Schock Prager Groschen, sowie das Lehen
Nordhalben (an der Rodach, südöstlich von Lobenstein) für
300 Gulden[3]. Geschickt aber wuſste der Kaiser ihnen den
gröſsten Teil dieser Erwerbungen zu entwinden. Er bewog
die Vögte, die Saalfeste Blankenberg an die Krone Böhmen
für 1400 Schock Prager Groschen zu verkaufen, und versprach ihnen auſserdem 600 Schock auf zwei Jahre zu leihen.
Mit diesen 2000 Schock sollten sie dann Lobenstein und die
Hofer Lehen von den Markgrafen zurückkaufen und diese
Besitzungen, die Reichslehen waren, der Krone Böhmen auftragen[4]. Am 7. April gab er seine kaiserliche Genehmigung
dazu, daſs die Vögte die genannten Ortschaften dem Könige
Wenzel zu Lehen aufliefsen und als böhmische Reichsafter-
lehen zurückempfingen[5]. Rechtlich war diese Erwerbung des
Kaisers unanfechtbar.

Anders verhielt es sich aber mit der Herrschaft Gera, nach
der Karl gleichfalls Verlangen trug. Diese besaſsen die Markgrafen seit 1358 als Lehen des Stiftes Quedlinburg[6] und
hatten sie als Afterlehen an die Vögte weiter verliehen.
Während der Kaiser die Vögte in seinen Schutz nahm, versprachen diese, der Krone Böhmen Burg und Stadt Gera aufzutragen und als böhmische Mannlehen zurückzunehmen, wenn
es dem Kaiser gelänge, diese Herrschaft von der Abtei
Quedlinburg an sich zu bringen[7]. Der meiſsnischen Rechte
wird mit keinem Worte gedacht.

Nach der Kunde von diesen Verhandlungen schlossen
sich die Markgrafen von Meiſsen der Koalition gegen den
Kaiser an. Sie konnten hoffen, ihn auf diese Weise zu
zwingen, von seiner Territorialpolitik in ihren Landen abzu-
stehen. Ihnen folgte ihr Bruder Ludwig von Bamberg, der
in seiner Politik ganz von ihnen abhängig war.

Zwar hatte sich die Lage Karls im Anfang des Jahres
1371 insofern verbessert, als es ihm gelungen war, den Herzog

---

[1] Vgl. Wenck: Vogtländ. Krieg S. 20*.
[2] U. der Markgrafen vom 4. Dezember 1367. Th. Gqu. V. 2 S. 135.
[3] Ebenda S. 142. n. 177.
[4] U. vom 23. März. Ebenda S. 155.
[5] Ebenda S. 158. Daſs eine Einlösung Lobensteins von Meiſsen inzwischen stattgefunden hat, ist unwahrscheinlich, da die Vögte die dafür bestimmten 2000 Schock erst Anfang des nächsten Jahres von Karl erhielten.
Siehe Quittung der Vögte vom 11. April 1372. Th. Gqu. V. 2 S. 163. n. 197.
[6] U.U. der Äbtissin von Quedlinburg vom 27. September 1358. Ebenda
S. 29.
[7] U. vom 23. März 1371. Ebenda S. 154.

Albrecht von Bayern-Holland auf seine Seite zu ziehen[1]. Und auf dem päpstlichen Stuhle fand er nach dem Tode Urbans V., der, mit den Erfolgen des Kaisers in Italien unzufrieden, dessen Gegnern sein Ohr geliehen hatte, in Gregor XI. wieder einen Freund und Fürsprecher[2]. Ferner trat an die Stelle Gerlachs von Mainz († Febr. 1371) Johann von Luxemburg-Ligny, ein Verwandter und ein gefügiges Werkzeug Karls. Der Tod Kasimirs von Polen und der Anfall dieses Königreichs an die ungarischen Anjous war für Karl IV. augenblicklich vorteilhaft, weil König Ludwig durch die Ordnung der polnischen Angelegenheiten in Anspruch genommen, an einem energischen Eingreifen in die deutschen Verhältnisse verhindert wurde. — Doch war der Bund, der sich gegen den Kaiser gebildet hatte, gefährlich genug; ihm gehörten aufser Ludwig von Ungarn die Wittelsbacher in Bayern, Pfalz und Brandenburg, die Markgrafen von Meifsen und die Bischöfe von Bamberg und Salzburg[3] an.

Der Krieg um Brandenburg begann, nachdem Markgraf Otto den Nürnberger Erbverträgen zuwider die Stände des Kurlandes seinem Neffen Friedrich von Bayern hatte huldigen lassen. Während der Kaiser in die Mark einrückte und die Städte Müncheberg und Görzke nahm[4], griffen ungarische und salzburgische Truppen die luxemburgischen Besitzungen an[5]. Ob auch die Wettiner den Wittelsbachern Hilfe geleistet haben, läfst sich aus den äufserst dürftigen Quellen nicht ersehen, doch deutet der Umstand, dafs Markgraf Otto Friedrich von Meifsen zum Schiedsrichter in seinem Streite mit König Waldemar von Dänemark ernannte[6], auf nahe Beziehungen zwischen beiden hin. Karl zog Verhandlungen einem weiteren Kampfe vor. Am 16. Oktober gelang es ihm, in Pirna einen Waffenstillstand mit den Wittelsbachern zu schliefsen[7]. Eine Woche darauf vermittelten Friedrich von Nürnberg und der Landgraf von Leuchtenberg einen Waffenstillstand zwischen Karl IV. und den Markgrafen nebst ihrem Bruder Ludwig von Bamberg bis Pfingsten 1373[8]. Während dieser Frist

---

[1] Karl verlobte seinen Sohn Wenzel mit Albrechts Tochter und seine Tochter mit einem Sohne Albrechts. Aufserdem erwies er ihm viele Gnaden. RK. n. 4858; RS. 524. 525; RK. n. 4910—4913.

[2] Steinherz a. a. O. S. 585; Lindner a. a. O. S. 91.

[3] Erzbischof Pilgrim von Salzburg schlofs sich der Koalition an aus Feindschaft gegen die mit den Luxemburgern verbündeten Herzöge von Östreich. Steinherz a. a. O. S. 586.

[4] Johann von Guben herausg. von Haupt in den Scriptores rerum Lusaticarum I (Görlitz 1839) S. 53. Vgl. RK. n. 4979a, wo „wain" (= wagen) mit »wein« übersetzt ist. — Müncheberg w. von Küstrin. Das in den Pirnaer U.U. genannte Gorczk ist wohl Görzke s. von Brandenburg.

[5] Steinherz a. a. O. S. 588.

[6] Am 4. Juli. Riedel a. a. O. II. 2 S. 513. Vgl. Wenck a. a. O. S. 19.

[7] Riedel a. a. O. S. 516.

[8] Ebenda S. 521.

sollten die beiden Mächte nicht gegen die früher einander gegebenen Bundesbriefe handeln und ihre Mifshelligkeiten gütlich beizulegen suchen. Müfste ein Schiedsrichter ernannt
werden, so bedang der Kaiser sich aus, dafs Otto von Brandenburg auf keinen Fall über ihn Recht sprechen dürfe. Gleichzeitig versprachen die Markgrafen, die ihnen überwiesenen
Städte Müncheberg und Görzke zu treuer Hand in Ver-
wahrung zu nehmen und nach Ablauf des Stillstands dem
Kaiser auszuantworten [1]; auch übernahmen sie die Bürgschaft
für die Wittelsbacher, dafs diese ihren im Vertrage eingegangenen Verpflichtungen nachkommen würden [2]. Aus
diesen Bestimmungen geht hervor, dafs der Kaiser glaubte,
die Wettiner eher zu sich herüber ziehen zu können, als die
Wittelsbacher; denn sonst hätte er ihnen jene beinahe schieds-
richterliche Stellung zwischen sich und den Wittelsbachern
schwerlich eingeräumt.

Den erlangten Waffenstillstand benutzte Karl IV., um
seine Gegner zu trennen, vor allem dazu, die Wettiner und
König Ludwig zu gewinnen. Papst Gregor XI., dem daran
lag, dafs der Kaiser freie Hand für die italienischen Verhältnisse erhielt, entsandte am 28. September 1371 den Patriarchen
Johann von Alexandria als Vermittler zwischen den streitenden
Parteien [3]. Dieser traf etwa Mitte Dezember in Bautzen ein [4],
wo sich auch Karl, um mit den Markgrafen bequemer verhandeln zu können, zwei Monate aufhielt [5]. Über die zuletzt
in Dresden von dem Patriarchen geführten Verhandlungen ist
nichts überliefert. Wir wissen nur, dafs Johann Ende Januar
Dresden verliefs, ohne die streitigen Punkte zwischen beiden
Mächten ausgeglichen zu haben. Das Ergebnis seiner Ver-
mittelungsversuche war: Erneuerung der Waffenruhe auf dem
status quo; während der Dauer derselben sollten die Parteien
in freundschaftlichen Beziehungen bleiben [6].

---

[1] Cop. 26 fol. 92.
[2] Cop. 26 fol. 92b.
[3] Böhmer-Huber: Regesten Karls IV. Päpste n. 130; Cod. dipl. Sax.
II. 2 S. 119. n. 610. 611.
[4] Ende November 1371 kam Patriarch Johann in Deutschland an.
Chron. Mogunt. a. a. O. S. 185. Er urkundet am 17. Januar 1372 in Bautzen
(Or. 4012), am 25. Januar in Dresden (Or. 4013), am 16. Februar ist er in
Breslau (Cod. dipl. Sax. II. 4 S. 274). Da er am 26. Januar bereits 700 Goldgulden an Tagegeldern verbraucht hat — ihm waren 15 Goldgulden pro Tag
angewiesen. Cod. dipl. Sax. II. 2 S. 119. 124. 127 — mufs er etwa 6 Wochen
(46 Tage) in der Diöcese Meifsen zugebracht haben, und seine Ankunft in
Bautzen, wo der Kaiser im November und Dezember weilte, wird daher etwa
in die Mitte Dezember zu setzen sein. — Die Markgrafen urkunden am
4. und 24. Januar in Dresden (Cop. 26 fol. 24b; Cod. dipl. Sax. II. 13 S. 35)
und werden höchstwahrscheinlich am 25. Januar mit dem Patriarchen daselbst verhandelt haben.
[5] Er urkundete vom 29. Oktober bis 28. Dezember in Bautzen.
[6] Beschwerdeschrift der Markgrafen (siehe unten S. 45 Anm. 4) Artikel 21.

Inzwischen hatte sich Karl nach Breslau begeben und mit Ungarn angeknüpft[1]. Er brachte ein Verlobungsprojekt in Vorschlag: sein Sohn Sigmund sollte mit Ludwigs Tochter Maria verlobt werden. Während diese Verhandlungen sich hinzogen und den besten Erfolg verhiefsen, bemühte sich der Kaiser, die Wettiner mürbe zu machen und zu einem für Böhmen günstigen Frieden zu zwingen. Er wufste die meifsnisch-thüringische Macht an ihrer verwundbarsten Stelle zu treffen, indem er die unabhängigen Gewalten in den wettinischen Territorien zu einem Bunde gegen die Landesherren einte.

Wie mufste die Spannung zwischen dem Kaiser und den Markgrafen auf die thüringischen Verhältnisse wirken! Bisher hatte Karl seine Bundesgenossen unterstützt und ihren gegen die Unabhängigkeit der Städte gerichteten Bestrebungen ruhig zugesehen[2]. Mit Freuden begrüfsten die Städte und Herren Thüringens jetzt die entgegengesetzte Haltung des Reichsoberhauptes. Schon anfangs 1371 hatten Erfurt, Nordhausen und Mühlhausen mit einigen thüringischen Grafen eine Liga trotz des Verbotes der Landgrafen geschlossen[3]. Damals waren sie durch Herzog Otto von Braunschweig gedemütigt worden — Erfurt allein mufste 12000 Mark für Gefangenenlösung zahlen[4] —, und diese Demütigung geschah nach dem Urteil des thüringischen Chronisten „zum Heil der Markgrafen, denn sonst würden die Verbündeten zu übermütig geworden sein"[5]. Den Hafs der Bürger gegen die landesherrliche Gewalt teilten in den genannten Städten auch geistliche Korporationen. Klosterpröpste in Erfurt und Nordhausen versuchten in die wettinischen Hoheitsrechte einzugreifen, indem sie nach den Landgrafen gehörigen Orten ungesetzliche Sendgerichte beriefen, die landgräflichen Unterthanen unter Androhung von Bann und Interdikt dorthin vorluden und über weltliche Angelegenheiten zu richten sich anmafsten[6]. Auf die Klage und Bitte der geschädigten Markgrafen beauftragte der Papst die Bischöfe von Naumburg und Merseburg gegen die schuldigen Geistlichen energisch einzuschreiten.

---

[1] Er urkundet hier seit dem 9. Januar; vgl. Steinherz a. a. O. S. 590.
[2] Siehe oben S. 6. 23.
[3] Am 15. Februar 1371. Ayrmann: Sylloge anecdotorum (Frankfurt 1746) S. 330; vgl. Hist. Pist. a. a. O. S. 1351. cap. 118: Jovius: Chron. Schwarzburgicum a. a. O. I S. 246.
[4] Otto schlofs Frieden mit den Städten am 3. und 11. August 1371. U U. StA. Magdeburg, Abt. Erfurt XVII. 47. 48. Ottos Quittungsurkunden. Ebenda XLIII. 25. 26. 27.
[5] Hist. Pist. a. a. O. S. 1351. Herzog Otto überfiel die Städter vor Hanstein. Chron. Mogunt. a. a. O. S. 182.
[6] Gqu.Pr.S. XXII S. 270. n. 987. Urkunde Gregors XI. vom 9. Januar 1372.

Die den Landgrafen feindlichen Bestrebungen in Thüringen
beschlofs der Kaiser für seine Zwecke zu benutzen. Ohne
sich an die Bestimmungen des Pirnaer Waffenstillstandes und
an die Abmachung des Patriarchen Johann zu halten, brachte
er am 28. März 1372 in Prag zwei Bündnisse gegen die Markgrafen zustande. Erzbischof Johann von Mainz, ein durchaus
unfähiger[1] und von seinem kaiserlichen Oheim vollständig
abhängiger Fürst, verband sich „auf den Rat" des Kaisers
mit der Stadt Erfurt auf zehn Jahre. Er versprach, die
Erfurter, die vielfach in ihren Gerichten von den Markgrafen
von Meifsen bedrängt und beschwert würden, in allen ihren
Freiheiten gegen die Meifsner zu schirmen, auch wenn er
dadurch in einen Krieg mit den Landgrafen geraten sollte.
Dafür übernahmen die Erfurter die Verpflichtung, die mainzischen Besitzungen auf dem Eichsfeld zwischen Leine und
Ruhme zu verteidigen[2]. — Verhängnisvoller war der thüringische Landfriede[3], den Karl auf zehn Jahre vereinbarte.
Teilnehmer waren Böhmen, Mainz, der Bischof von Naumburg,
die Grafen von Gleichen, Hohenstein, Schwarzburg und Stollberg, sowie die Städte Erfurt, Mühlhausen und Nordhausen.
Dies Bündnis war nur seiner Form nach ein Landfrieden, in
Wahrheit diente es rein politischen Zwecken. Die Kontrahenten verpflichteten sich einander gegen jedermann beizustehen. Als Bundeskontingent sollte Böhmen, Mainz und
Erfurt je dreifsig, Naumburg zehn, die Grafen zusammen
zweiundzwanzig, Mühlhausen zwölf und Nordhausen sechs
Gleven stellen. Die ausdrückliche Bestimmung, dafs die Verbündeten die Strafsen in ihren Landen schirmen und für den
Handel stets offen halten sollten, war unverkennbar gegen die
Landgrafen gerichtet; denn es war eine häufige und auch
wohl nicht unberechtigte Klage der thüringischen Städte, dafs
die landgräfliche Gewalt die Strafsen plündere und den Handel
störe. — Durch die Bündnisse mit Böhmen und Mainz hofften
die thüringischen Gegner der Markgrafen diesen mit Erfolg
widerstehen zu können. Die Erfurter scheuten keine Kosten,
um ihre freundlichen Beziehungen zu Mainz aufrecht zu erhalten[4].

Erbittert durch diese offenbar feindlichen Schritte des
Kaisers, die den Vereinbarungen zu Pirna und Dresden zu-

---

[1] Chron. Mogunt. a. a. O. S. 183 f.: „Johannes puer moribus, statura
procerus, regimini inhabilis, nullius momenti fuit . . . . . et quia non erat
rector, . . . vacabat sedes Moguntina".
[2] Lünig RA. XIV b S. 450.
[3] Lünig: Cod. Germ. dipl. I S. 393. Auszug der Urkunde bei Erhardt:
Urkundliche Mitteilungen zur Geschichte der Landfrieden (Erfurt 1829) S. 16.
[4] Am 20. August 1372 bekennt Erzbischof Johann 450 Mark von den
Erfurtern als Geschenk erhalten zu haben. Or. StA. Magdeburg, Abt. Erfurt XLIII A. 28.

widerliefen, schlossen sich die Wettiner aufs neue der anti-
kaiserlichen Partei an. Sie unterstützten in dem Streit um
das Bistum Würzburg Albert von Hefsburg gegen den kaiserlichen Kandidaten Gerhard von Schwarzburg[1], vormals Bischof
von Naumburg, für den Karl eintrat, weil er jenem thüringischen Bunde gegen die Markgrafen angehörte. Ende September
finden wir sie zusammen mit den Wittelsbachern in Prefsburg[2]
bei König Ludwig. Dieser Fürst, der anfangs zum Frieden
geneigt war und Karls Verlobungsprojekt angenommen hatte,
war doch nicht dazu vermocht worden, die Wittelsbachischen
Bundesgenossen aufzugeben[3]. Möglicherweise haben die Wettiner
an dem Kongrefs zwischen dem Kaiser und Ludwig von Ungarn
an der böhmisch-ungarischen Grenze teilgenommen und dem
Kaiser hier ihre Beschwerdeschrift vorgelegt[4]. In 21 Ar-
tikeln fafsten sie alle Klagen, die sie gegen den Kaiser und
König von Böhmen vorzubringen hatten, zusammen. Sie hielten
Karl vor, dafs er den Pirnaer Stillstand und die vom Patriarchen in Dresden bewirkte Abmachung gebrochen habe, indem
er den thüringischen Landfrieden ohne ihr Wissen und ohne
sie mit hineinzuziehen, geschlossen, sie auch in seinem Bündnis mit Mainz, Würzburg und Würtemberg[5] nicht ausgenommen habe. Die meisten Beschwerdepunkte richteten sich
gegen die böhmische Territorialpolitik. Der Kaiser habe ihre
Herrschaft überall geschwächt und eingeengt. Ihre Vasallen

---

[1] Dies geht hervor aus der Instruktionsurkunde für die kaiserlichen
Gesandten an den Papst. Riedel a. a. O. II. 2 S. 527 und dem päpstlichen
Ermahnungsschreiben an Friedrich von Meifsen vom 28. Januar 1373.
Gqu.Pr.S. XXII. S. 296 u. 1089.
[2] Fejérpataky László: Magyarországi várasok régi számadáskönyvei
(Budapest 1885) S. 40 unter den Rechnungen der Stadt Prefsburg zum Jahre
1373: „cives exposuerunt pro expensis domini nostri regis et aliorum principum, videlicet de Bavaria, de Mysna, de Polonia, quando simul erant in
Posonio circa festum S. Michaelis proximo praeteritum (29. September 1372)
78 libr. minus 30 den." — Vgl. Steinherz a. a. O. S. 598 Anm. 1. — Sonst
habe ich keinen Beleg für die Anwesenheit der Markgrafen in Prefsburg
gefunden. Das Zeugnis des Rechnungsbuches wird nicht dadurch entkräftet,
dafs die Markgrafen am 21. September in Gotha (Cop. 26 fol. 101b), am
2. Oktober in Torgau (Cop. 26 fol. 102b) und am 4. Oktober in Meifsen
(Th. Gqu. VI S. 340) urkunden; denn einer von ihnen kann im Namen aller
drei die Urkunden ausgestellt haben, und zwei (bzw. einer) von ihnen können
in Prefsburg gewesen sein. Auffallend ist, dafs keine Chronik eine so weite
Reise der Fürsten erwähnt.
[3] Steinherz a. a. O. S. 595 ff.
[4] Dies wichtige Aktenstück ist überliefert im Codex des Johann von
Jenzenstein (vgl. über denselben Steinherz a. a. O. Beil. 7. S. 615 ff.; Loserth
im Archiv für östr. Gesch. LV (1877) S. 267 ff.) und abgedruckt von Loserth
in den M. V. Deutsch. Böhm. Jahrgang XVI (1877) S. 179. Vgl. ebenda
S. 170 f.
[5] Welches Bündnis die Markgrafen im Sinne haben, ist nicht festzustellen, schwerlich ist das Bündnis zwischen Karl IV. und den Bistümern
Mainz und Würzburg vom 20. August 1366 (RK. n. 4348) gemeint. Ein
Bündnis des Kaisers mit Würtemberg ist mir nicht bekannt.

habe er an sich gelockt und in seinen Lehnsverband gezogen[1],
vornehmlich die Grafen von Schwarzburg[2], Arnstädter und
Leutenberger Linie, ferner die Herren von Waldenburg und
Colditz, obwohl er den Markgrafen urkundlich versprochen,
solches nicht zu thun[3]. Ferner habe er eine grofse Anzahl
Besitzungen und Lehen an sich gebracht, die ihnen von Rechts
wegen gehörten, und die ihre Vorfahren vom Reiche zu Lehen
getragen hätten, namentlich im Vogtlande auf der Grenzlinie
zwischen Meifsen und Böhmen: Mylau, Stollberg, Reichenbach,
Schöneck, Gattendorf, Reitzenstein, Sparrenberg und Blankenberg[4]. In den meifsnisch-lausitzischen Grenzgebieten habe er
die Festen und Städte Strehla, Elsterwerda, nebst vielen
anderen[5], sowie Lehnskomplexe in der Gegend von Grofsenhain widerrechtlich an sich gebracht. Er strebe auch nach
ihren Lehen im Torgauer Bezirk, weiter nach ihrem Kloster
Mühlberg. Von den gewonnenen Punkten aus schiebe er sich
in ihre Wälder und Forsten ein und trachte diese mit den
von ihm bereits behaupteten Ortschaften zu vereinigen. Einen
Wald, den die Herren von Elsterberg als meifsnisches Lehen
besäfsen, suche er zur Feste Schöneck zu schlagen, mit ihren
Holzungen bei Erlbach beabsichtige er seine Besitzungen zu
vergröfsern. Ebenso bedränge er ihre Vasallen, die Herren
von Leisnig, Elsterberg und Schönburg, in ihren von Meifsen
zu Lehen gehenden Forsten und lasse es zu, dafs die Bürger
seiner Stadt Eger meifsnische Unterthanen in Brambach[6] be-
lästigten. — Auch Handel und Verkehr erschwere ihnen der
Kaiser, indem er sich ihrer Strafsen und Gebiete bemächtige.

---

[1] Vgl. für das folgende S. 30 f.

[2] Die Arnstädter Linie mit Saalfeld, Rudolstadt, Kimitz (Könitz s.ö.
von Rudolstadt) und Stein [= Brochenstein in der Pirnaer Vertragsurkunde;
in der Auflassungsurkunde der Grafen von Schwarzburg steht „die feste
Stein, die gebrochen ist"], jetzt Wüstung. Die Leutenberger Schwarzburge
mit Leutenberg, Haus und Stadt; Remda, das gleichfalls an Böhmen aufgelassen wurde (siehe S. 35), wird hier nicht erwähnt.

[3] Loserth a. a. O. S. 179 Artikel 2: „praesertim cum suas litteras
patentes habeamus, quod talia facere non debeat". Daraus geht hervor, dafs
Karl den Markgrafen urkundlich versprochen hat, keine Vasallen an sich zu
ziehen u. s. w., ebenso wie er es andern Fürsten gelobte (siehe S. 19). Der
Bündnisbrief vom 1. März 1358 kann nicht gemeint sein, da er ein der-
artiges Gelöbnis nicht enthält, im Gegensatz zu dem späteren von 1372, in
dem Karl IV. sich ausdrücklich verpflichtet, die Markgrafen an ihren Fürstentümern, Mannschaften und Lehen nicht zu „irren, hindern oder anzusprechen".

[4] Vgl. S. 35.

[5] Gröditz, Zabeltitz, Glaubitz, Löfsnig, Gröba, Tiefenau, Reizstein,
Czachau, Rele. Diese Orte in der Elbgegend zwischen Mühlberg und Riesa
waren ursprünglich stiftnaumburgische Besitzungen und 1367 von Herzog
Bolko gekauft worden (siehe S. 36).

[6] Noch später sahen die Markgrafen in der Erwerbslust der Bürger
von Eger eine Gefahr für ihre Feste Brambach; denn 1376 mufste Hans
von Neyperg den Markgrafen versprechen, das gekaufte Brambach nur an
markgräfliche Vasallen, auf keinen Fall aber an die Stadt Eger, weiter zu
veräufsern. Or. Weimar, Reg. Kr S. 407 G. n. 3.

Die Strafse, die von alters nach ihrer Stadt Zwickau führe, versuche er in das böhmische Reichenbach zu verlegen. Die Elbschiffahrt von Pirna nach Dresden werde gestört, und der Rat von Pirna hindere den Getreidetransport elbabwärts. Indem sie sich auf die Handelsprivilegien von 1362 beriefen[1], warfen sie dem Kaiser vor, dafs er in Prag hohe Zölle von meifsnischen Kaufleuten erheben lasse und durch Abgaben, die er kürzlich in gewissen Plätzen der Lausitz angeordnet habe[2], den Häringshandel aus Meifsen in die benachbarten Gebiete erschwere.

Dies höchst interessante Aktenstück ist ein Beleg dafür, wie Karl IV. es verstand, sich von den böhmischen Enclaven aus planmäfsig in die meifsnischen Gebiete hineinzuschieben und wie er auch wirtschaftliche Einrichtungen den Zwecken seiner Politik dienstbar zu machen wufste.

Um ihren Rechtsstandpunkt zu begründen, behaupteten die Markgrafen, dafs die von Böhmen erworbenen Besitzungen in ihrem Lehnsverband gestanden oder von ihnen und ihren Vorfahren als Reichslehen empfangen worden wären. Dem widersprechen aber die Auflassungsurkunden; denn die Herren, die jene Besitzungen an Böhmen auftrugen oder verkauften, bezeichneten sie ihrer rechtlichen Eigenschaft nach als Reichslehen oder Allode. — Entsprachen nun die Angaben der Auftragsurkunden in der That den Rechtsverhältnissen oder haben die Auflasser die wahre Lehnsqualität verschwiegen, um sich scheinbar ohne Verletzung des Lehnrechts in den böhmischen Lehnsverband begeben zu können? Eine Entscheidung dieser Frage in vollem Umfange ist bei den komplizierten Lehnsverhältnissen jener Zeit und dem dürftigen urkundlichen Material schwierig und kann nur, wenn dies überhaupt möglich ist, durch eingehende Spezialforschungen erzielt werden. Die meisten und vornehmsten der von den Markgrafen genannten Besitzungen haben jedenfalls nicht in meifsnisch-thüringischem Lehnsverband gestanden und der Kaiser war rechtlich zur Erwerbung derselben befugt gewesen. — Dies gilt nachweislich von Reichenbach, Mylau[3], Schöneck[4], den schwarzburgischen Besitzungen[5] und dem stiftnaumburgischen Lehen Strehla

---

[1] Siehe S. 7 u.

[2] Artikel 9 und 13 der Beschwerdeschrift: In Melrazz (Müllrose a. d. Friedr. Wilh. Kanal) und Lubyn (Lübben a. d. Spree) wird von jeder Häringstonne ein Zoll von 6 Denar erhoben.

[3] Mylau und Reichenbach verlich Kaiser Ludwig IV. am 22. Januar 1323 als Reichslehen. Lünig RA. XI S. 203, folglich können diese Besitzungen nicht wettinische Lehen gewesen sein, vgl. Wenck: Vogtländ. Krieg S. 12* f.

[4] Schöneck war zugleich mit der Herrschaft Plauen 1327 dem König Johann von Böhmen aufgetragen worden. Wenck a. a. O. S. 8* Anm. 1.

[5] Die reichslehenbare Eigenschaft von Saalfeld, Stein und Kuntzen geht aus Kaiser Ludwigs Lehnbriefen von 1323 und 1330 hervor. Siehe S. 35 Anm. 5.

nebst einigen der zugehörigen Ortschaften, mit gröfster Wahrscheinlichkeit auch von den Herrschaften Colditz und Waldenburg[1]. — Ebenso scheint für die Rechtmäfsigkeit der meisten übrigen böhmischen Erwerbungen der Umstand zu sprechen, dafs Meifsen später das Eigentumsrecht oder die Lehnshoheit Böhmens über alle Streitobjekte anerkannte. — Andererseits unterliegt es aber keinem Zweifel, dafs Karl nicht ganz klare Rechtsverhältnisse zu Gunsten Böhmens auszulegen verstanden hat. Kam er doch einmal, um sein Recht darzuthun, mit der eigentümlichen Begründung, sein Vater Johann sei als Fremdling nach Böhmen gekommen und habe die böhmischen Pertinenzen nicht gekannt, deshalb habe es geschehen können, dafs Ludwig IV. Besitzungen als Reichslehen vergeben habe, die von Friedrich II. dem Könige Ottokar von Böhmen geschenkt worden seien[2]. Auch sind die übrigen Beschwerden der Markgrafen, namentlich ihr Vorwurf, dafs der Kaiser sich von seinen gewonnenen Besitzungen aus auf Kosten der markgräflichen Gerechtsame in ihre Gebiete einschiebe, zweifellos berechtigt. Aus dem ganzen Aktenstück spricht deutlich die aufrichtige Entrüstung der Wettiner, die das rücksichtslose Vorgehen ihres Bundesgenossen, dem sie zwei Jahrzehnte hindurch treu gedient hatten, schlechterdings hervorrufen mufste.

Wie der Kaiser die Beschwerdeschrift der Markgrafen aufnahm, darüber ist nichts bekannt. In seinem Bericht an den Papst, den er nach jenem Kongrefs mit Ludwig von Ungarn abfassen liefs[3] und in dem er ihn aufforderte, den Ungarnkönig von dem Wittelsbachischen Bündnis abzuziehen und für die kaiserliche Sache Partei zu ergreifen, betrachtete er die Markgrafen noch als Reichsfeinde und nannte einen ihrer Anhänger einen Rebellen[4]. — Jedoch schon im nächsten Monat fand eine Aussöhnung statt.

Wir haben anzunehmen, dafs beide Parteien zum Frieden geneigt waren. Der Kaiser hatte Ungarn nicht gewinnen können, die Wittelsbacher verharrten im Widerstande, der Erzbischof von Salzburg war eifriger Gegner Karls, in Würzburg hatte der von Meifsen unterstützte Kandidat die Oberhand gewonnen[5]. Reizte der Kaiser die Wettiner weiter, so

---

[1] Siehe S. 31. 33.
[2] Wenck a. a. O. S. 13*.
[3] Über die Datierung dieser Instruktionsurkunde siehe Steinherz a. a. O. S. 618.
[4] Von dem Abt von Sichen heifst es in der Instruktionsurkunde: „qui ... fraudulenter et temeritate propria ab Imperatore recessit et Marchioni Misnensi adhaereat“. Riedel a. a. O. S. 530.
[5] Dies geht aus der Instruktionsurkunde hervor. Ebenda S. 531: „ille de Hesburg, qui se ... intromisit de civitate herbipolensi et quibusdam aliis civitatibus et castris eiusdem ecclesie, in quibus de facto tanquam herbipolensis Episcopus amministrat“.

mußte er befürchten, daß diese ihren treuesten Bundesgenossen, Freund und Schwager, Friedrich von Nürnberg und den Herzog Magnus von Braunschweig zum Bunde gegen die Luxemburger zu sich herüberzögen. Denn der Nürnberger Burggraf hatte nicht allzuviel Grund, mit dem Kaiser zufrieden zu sein, da dieser den 1368 mit ihm geschlossenen Verlobungsvertrag, nach welchem Karls Sohn Sigmund des Burggrafen Tochter Katharina heiraten sollte[1], wieder gelöst hatte, als sich ihm von anderer Seite größere Vorteile boten. Und mit Magnus von Braunschweig hatten die Markgrafen 1371 ein Bündnis geschlossen, nach dem sich beide wie leibliche Brüder beistehen sollten. Sie waren seitdem mit ihm stets in engstem Verhältnis geblieben[2]. Dagegen war der Kaiser entschieden gegen ihn eingeschritten[3] und hatte schließlich über ihn und seine Anhänger des Reiches Acht und Aberacht verhängt[4]. Diese Erwägungen mußten Karl IV. dazu drängen, seinen Zwist mit dem damals so einflußreichen Hause Wettin beizulegen. Andererseits waren die Landgrafen zum Entgegenkommen geneigt, weil unter dem Schutze eines ihnen feindlichen Kaisers und Königs von Böhmen die vereinigten Herren und Städte Thüringens ihrer landesherrlichen Macht gefährlich werden konnten.

Während der Patriarch von Alexandria sich nach Bamberg begab und hier Bischof Ludwig zu gewinnnn suchte[5], weilte Karl selbst seit Anfang November in Pirna und ließ hier mit den Wettinern verhandeln[6]. Das Ergebnis waren die Bundesverträge vom 25. November[7]. Die alte Erbeinigung zwischen Böhmen und Meißen wurde erneuert, und beide Mächte

---

[1] RK. n. 4612—4615. Schon früher hatte Karl IV. einen mit dem Burggrafen geschlossenen Heiratsvertrag gelöst. Am 3. Juni 1361 hatte er Wenzel mit Friedrichs V. Tochter Katharina verlobt (RK. n. 3703) und am 24. Dezember 1365 hob er die Verlobung auf, da Wenzel eine ungarische Prinzessin heiraten sollte. RK. n. 4232.

[2] Wenck: Wettiner S. 18. 20.

[3] RK. n. 4924—4927. 4936. 4937.

[4] RK. n. 4993.

[5] Er urkundet hier am 8. November. Vgl. Steinherz a. a. O. S. 598. 630 Beil. 10.

[6] Seit dem 11. November urkunden die Markgrafen in Pirna. Cop. 26 fol. 103. 104.

[7] U. Karls und Wenzels datiert: „am S. Kathareintag". Or. 4036, gedruckt in den Mitteil. des Altertumsverein zu Plauen V (1884) S. C, und öfters. U. der Markgrafen Or. 4037 als Transsumpt in der U. des Königs Ladislaus von Böhmen vom 10. April 1486. Das Datum „nach S. Kathareintag" dürfte wohl im Transsumpt verschrieben sein statt „an S. Kathareintag", denn Cop. 27 fol. 85b—87 steht an S. Kathareintag, und es ist doch anzunehmen, daß die Markgrafen an demselben Tage, wie der Kaiser, geurkundet haben. Die markgräfliche Urkunde ist oft, aber stets ungenau gedruckt. Lünig: Cod. Germ. I S. 1345; Du Mont: Corps universel diplomatique du droit des gens (Amsterdam 1726) II S. 92; Mitteil. des Altertumsverein zu Plauen V S. CIII.

garantierten sich ihre grofsenteils namentlich angeführten Besitzungen. Die Meifsner erkannten Wenzel als Markgrafen
von Brandenburg an und lösten damit völlig ihre Verbindung
mit den Wittelsbachern. In ihrem gegenwärtigen Besitzstande
und allen ihren Rechten wollen sie sich mit gesamter Macht
gegen jedermann beschützen. Nur die Herzöge von Öster-
reich nahm der Kaiser aus. Bischof Ludwig von Bamberg
und Friedrich von Nürnberg traten der Erbeinigung bei und
gelobten alle Artikel in derselben Weise wie die Markgrafen
zu halten.

Auffallend ist in dem Vertrage nur eins: die Markgrafen
gestanden der Krone Böhmen fast alle Besitzungen und lehns-
herrlichen Rechte zu, die sie in der Beschwerdeschrift für sich
in Anspruch genommen hatten. Dagegen versprach ihnen der
Kaiser, niemals von ihnen oder ihren Erben Reichspfandschaften einzulösen oder anderen die Einlösung zu gestatten.
Dieser Punkt ist von grofser Bedeutung, er bezog sich auf
die Reichsstädte Altenburg, Zwickau und Chemnitz, die die
Markgrafen zwar immer „ihre Städte" nannten, die sie rechtlich aber nur als Reichspfandschaften besafsen[1]. Die Garantie
der Nichteinlösung von seiten des Reichsoberhauptes gewährte
den Markgrafen die Aussicht, diese Städte allmählich in
Territorialstädte zu verwandeln. — Aber dies wird nicht die
einzige Konzession des Kaisers gewesen sein; denn es ist
kaum glaublich, dafs die Markgrafen in einen so ungünstigen
Vergleich gewilligt haben würden. Sehr wahrscheinlich ist
die Vermutung[2], dafs Karl schon damals seine Einwilligung
zu einer Erbverbrüderung der Wettiner mit den Landgrafen
von Hessen, die gewifs jetzt schon geplant war und ein halbes
Jahr später zur Ausführung kam, gegeben hat.

Dieser Pirnaer Vertrag ist ein Markstein in den böhmisch-
meifsnischen Beziehungen. Karl hat seine Verpflichtung, die
Markgrafen an ihren Fürstentümern Mannschaften und Lehen
niemals zu „irren, hindern oder anzusprechen" gehalten und
sich mit den bisherigen in diesem Vertrag von Meifsen garantierten Erfolgen seiner Territorialpolitik in den wettinischen
Ländern begnügt.

Um die Lehnszugehörigkeit aller streitigen Besitzungen,
namentlich der einzelnen Güter und Höfe genau festzustellen —
in Pirna hatte man sich nur im ganzen und grofsen geeinigt —,
vereinbarten beide Mächte am 3. März 1373 zu Bautzen[3], dafs
alle Vasallen, welche böhmische und meifsnische Lehen be-

---

[1] Vgl. Mating-Sammler in den Mitteil. des Vereins für Chemnitzer Geschichte IV (1882) S. 157; danach beliefen sich die auf den Städten liegenden Pfandsummen schliefslich auf 15 000 Mark Silber und 10 000 Schock
Prager Groschen.
[2] Wenck a. a. O. S. 21.
[3] Or. 4042. Die markgräfliche U. Or. 4043 (Kanzleiabschrift).

säsen, bei ihrem Lehnseid verpflichtet werden sollten, bis
nächste Pfingsten ihre einzelnen Lehnsstücke und die Zu-
gehörigkeit derselben aufzuzeichnen. Die eidliche Aussage
der Vasallen sollte als Beweis gelten und für beide Parteien
bindend sein. Nach der Entgegennahme der Aufzeichnungen
sollten die Landesherren ihren beiderseitigen Mannen ihre
Lehen aufs neue verbriefen und sich gegenseitig über die so
getroffene Scheidung Urkunden ausstellen. — Die verwickelten
Lehnsverhältnisse und die zerrissenen, vielfach ineinander
laufenden Grenzen zwischen beiden Ländern erschwerten die
Feststellung der beiderseitigen Pertinenzen ungemein. Ein
uns erhaltener Bericht[1] böhmischer Kommissare an ihren
König über die Versuche einer Scheidung meifsnischer und
böhmischer Lehnsstücke an der Pulsnitz, dem Grenzflufs
zwischen der Markgrafschaft und der Oberlausitz, zeigt, dafs
die Inhaber der einzelnen Holzungen und Vorwerke selbst
nicht wufsten, wer ihr Lehnsherr sei, dafs man sich auf die
Aussagen Verstorbener berufen mufste, und dafs die Kommissare sich schliefslich wegen widersprechender Zeugnisse
nicht zu einigen vermochten.

Nach der Aussöhnung mit Karl IV. hatten die Wettiner
sich der höchsten Gunst des Kaisers und seines Hauses zu
erfreuen. Nichts stellt das gute Einvernehmen zwischen den
Luxemburgern und Wettinern in helleres Licht, als die Prager
Verhandlungen vom 1. Mai 1373. Der Kaiser gelobte, dem
ältesten Sohn des Markgrafen Friedrich, dem nachmaligen
ersten Kurfürsten von Sachsen, seine Tochter Anna zur Gemahlin zu geben, und zwar sollte die Vermählung, da beide
Verlobte noch im zartesten Kindesalter standen, erst Pfingsten
über acht Jahre stattfinden. Als Mitgift für seine Tochter
versprach Karl IV. den Markgrafen 10 000 Schock Prager
Groschen binnen einem Jahre nach der Vermählung auszu-
zahlen, widrigenfalls die Städte Brüx und Laun, die eine
jährliche Rente von 1000 Schock Pfennigen abwarfen, in
ihren Pfandbesitz übergehen sollten. Dieselbe Summe bestimmte Markgraf Friedrich als Leibgedinge für seine
Schwiegertochter und stellte als Unterpfand die Städte Orlamünde, Neustadt, Arnshaugk, Triptis, Auma und Ziegenrück.
Würde durch die Schuld einer der beiden Parteien die Ehe
nicht zu stande kommen, so sollte die von ihr als Mitgift oder
Leibgedinge festgesetzte Summe verfallen sein[2]. — Anläfslich
dieser Eheberedung wurde das Bündnis zwischen Böhmen

---

[1] Bericht des Anshelm von Sandau und des Czaslav von Penczk an
den Kaiser. Or. 4043. Vgl. Knothe im Neuen Lausitzer Magazin XXXXII
S. 288.

[2] U. Karls IV. bei Horn: Lebens- und Heldengeschichte Friedrichs
des Streitbaren (Leipzig 1733) S. 647.

und Meifsen unter genaueren Bestimmungen erneuert. Dies
war für den Kaiser jedenfalls die Hauptsache, da ihm zur
Eroberung der Mark Brandenburg, die sein nächstes Ziel war,
einige Hilfsmannschaften aus den nahe gelegenen wettinischen
Ländern in hohem Grade willkommen sein mufsten. Ausdrücklich versprachen die Markgrafen, „Karl IV. und seinen
Erben mit aller Macht behilflich zu sein, die Mark Brandenburg und ihr Zubehör zu behalten, zu bezwingen und zu behärten". — Inwiefern sie dieser Verpflichtung nachgekommen
sind, läfst sich nicht nachweisen[1]. Wahrscheinlich bedurfte
der Kaiser bei dem unerwartet geringen Widerstand der
Wittelsbacher nicht erst gröfserer wettinischer Unterstützungen.
Da er den Markgrafen nach der glücklichen Beendigung des
märkischen Feldzuges die Landvogtei in der Wetterau verschrieb, mufs er mit seinen Bundesgenossen recht wohl zufrieden gewesen sein.

---

[1] Die Behauptung Riedels: Erwerbung der Mark Brandenburg S. 18,
dafs die Markgrafen am 4. Juni (fälschlich statt 6. Juni) mit den andern
Bundesgenossen Karls in Fürstenberg versammelt waren, ist nicht bewiesen.
Der beim Kaiser in Fürstenberg anwesende Herzog Albrecht von Mecklen-
burg nannte am 6. Juni die Markgrafen von Meifsen des Kaisers Bundesgenossen (RS. n. 571), woraus aber nicht auf ihre Anwesenheit geschlossen
werden kann!

Viertes Kapitel.

Die hessische Politik der Markgrafen und ihr Eingreifen in den Mainzer Bistumsstreit 1373—1379 (1381).

Die glücklichen Erfolge Karls IV., der durch den Fürstenwalder Vertrag auch die Mark Brandenburg gewann, wies die wettinische Politik mit der Zeit immer mehr auf den Westen hin. In den kompakten Ländermassen, die Meißen auf drei Seiten einschlossen und meist der Krone Böhmen gehörten, gab es keine Erwerbungen zu machen. Dagegen versprachen die westlichen Gebiete mit den unendlich vielen größeren und kleineren Herrschaften, die an die zerrissene Landgrafschaft Thüringen grenzten, ein ergiebigeres Wirkungsfeld für die Politik der Markgrafen zu werden. So erklärt es sich, daß sie mit Eifer in die Verwickelungen, die sich im Westen ihrer Territorien vorbereiteten, einzugreifen suchten. Mit einer Schar einzelner Fürsten und Grafen, Städte und Herren traten sie in dieser Periode in freundliche oder feindliche Berührung. Übergroß und ohne Einheit erscheint uns daher die Fülle politischer Beziehungen und kriegerischer Begebenheiten, an denen die Markgrafen Teil haben. Dennoch lassen sich alle diese einzelnen Ereignisse unter zwei Gesichtspunkte bringen, da sie alle durch zwei große politische Aktionen bedingt sind, vermöge derer die Wettiner ihren Einfluß im Westen zu steigern versuchten. Die erste wird bezeichnet durch ihre Teilnahme an den Verwickelungen in Hessen und Braunschweig, die zweite durch ihr Eingreifen in den großen Streit um das Erzbistum Mainz.

1.

Als Landgraf Heinrich II., der Eiserne, seinen einzigen Sohn und Mitregenten Otto (d. Schütz) Ende 1366 verlor, zog er seinen Neffen Hermann, der sich dem geistlichen Be-

rufe gewidmet hatte, zur Mitregierung heran[1]. Da Otto keine
Erben hinterlassen hatte, und nur noch ein alter kinderloser
Bruder des Landgrafen Heinrich am Leben war, beruhte die
Hoffnung, dem hessischen Mannesstamm die Nachfolge in der
Landgrafschaft zu erhalten, allein auf Hermann. Er entsagte
dem geistlichen Stande, vermählte sich 1367 und führte an
Stelle seines alternden Oheims ein straffes, rücksichtsloses
Regiment, durch das er den eingesessenen Adel im Lande
aufs heftigste erbitterte. Diese feindliche Stimmung des Adels,
den Hermann überall aus den Ämtern zu verdrängen suchte,
kam dem Herzoge Otto von Braunschweig-Göttingen zu statten,
der als Enkel Heinrichs II. in weiblicher Linie Ansprüche auf
die Nachfolge in Hessen, wenigstens in einigen Gebietsteilen
der Landgrafschaft erhob, und zwar mit Recht, da Hessen
grofsenteils Allod war. Otto der Quade und sein ihm eng
verbündeter Schwager Graf Gottfried von Ziegenhain benutzten
die unzufriedenen und beutesüchtigen Elemente des Adels in
Hessen, der Wetterau, den Rheinlanden, in Thüringen, Sachsen
und Westfalen und vereinten sie zu einem mächtigen Bunde,
dessen Mitglieder sich bald auf 2000 beliefen und als Ab-
zeichen den Stern des Ziegenhainschen Wappens trugen. Seit
Anfang 1372 trat die feindliche Tendenz dieses „Sternerbundes" gegen die Landgrafen offen hervor. Die hessischen
Fürsten verboten ihren Vasallen, dem Bunde beizutreten.
Ihre Fehde mit Friedrich von Liesberg und dem Grafen von
Ziegenhain führte den Ausbruch des Krieges herbei. Das
Hauptereignis war die von den Landgrafen im Sommer 1372
unternommene Belagerung von Herzberg, die unglücklich für
sie endete.

Die kräftigste Unterstützung gegen einen so mächtigen
Feind glaubte Landgraf Hermann bei seinen Nachbarn, den
wettinischen Brüdern, zu finden. Sie kamen ihm bereitwilligst
entgegen, zumal sie mit seinem Hause seit lange auf freund-
schaftlichem Fufse standen[2]. Auch verbot ihnen ihr eigenes
Interesse, einem Kampfe, der zwischen Fürstentum und Ritter-
tum in ihrer Nähe geführt wurde, ruhig zuzusehen. Erstarkte
der Sternerbund, dem auch viele Ritter in den wettinischen
Territorien, namentlich in Thüringen angehörten, so war eine

---

[1] Über die hessischen Verhältnisse und den Sternerbund siehe Landau:
Die Ritter-Gesellschaften in Hessen während des vierzehnten und fünfzehnten
Jahrh. (Kassel 1840) S. 24 ff. und als kritische Ergänzung dazu Küch in
der Zeitschrift des Vereins für hessische Gesch. Bd. XXVII (N. F. XVII
1892) S. 409; und Friedensburg: Landgraf Hermann II. von Hessen und
Erzbischof Adolf I. von Mainz 1373—93; Ebenda Bd. XXI (N. F. XI 1885)
S. 1 ff.
[2] Im Jahre 1358 hatten die Wettiner ein Bündnis mit Hessen geschlossen. Siehe oben S. 14. Später weilte Landgraf Heinrich (oder sein
Sohn Otto) zum Besuche der Markgrafen in Dresden. Notiz im Rechnungsbuch der Markgrafen. Cop. 5 fol. 38, wohl zum Jahre 1364 gehörig.

Erschütterung der landesherrlichen Gewalt zu befürchten. —
Nur ein Umstand schien dem engen Anschlufs der Wettiner
an Hessen entgegenzustehen: ein Bündnis, das sie am 12. Juni
1368 mit Otto d. Quaden auf Lebenszeit geschlossen hatten[1].
Aber in diesem hatten sie ausdrücklich den Landgrafen
Heinrich von Hessen — dessen Rechtsnachfolger Hermann
war — ausgenommen und sich dem Herzog Otto nur für
einen solchen Krieg zum Beistand verpflichtet, den er „mit
ihrer Zustimmung und auf ihren Rat" unternehmen würde.
Da sie auf keinen Fall mit den Bestrebungen Ottos gegen
Hessen einverstanden waren, liefsen sie sich durch das Bündnis
mit Braunschweig nicht von einem Anschlufs an Hessen abhalten.

Schon im Mai 1372 ging Landgraf Hermann die thüringischen Fürsten um Hilfe gegen die Sterner an; denn die Angabe des Chronisten Rothe, dafs er vor der Belagerung von
Herzberg nach Eisenach geritten sei und dort die Markgrafen
zur Hilfeleistung bewogen habe[2], verdient Glauben, da der
Aufenthalt der meifsner Markgrafen in Eisenach vom 16. bis
26. Mai urkundlich bezeugt ist[3]. Hierzu stimmt die Nachricht, dafs thüringische Kontingente das hessische Heer vor
Herzberg verstärkt haben[4], die um so glaubwürdiger ist, als
gerade in der Zeit der Belagerung von Herzberg Mafsregeln
der thüringischen Landgrafen gegen die Sterner urkundlich
feststehen. Am 12. August nämlich erklärten auf Veranlassung
des Markgrafen Balthasar mehrere thüringische Grafen und
Herren dem Sternerhauptmann Gottfried von Ziegenhain den
Krieg[5]. Erheblich wird allerdings die meifsnisch-thüringische
Hilfe nicht gewesen sein[6], da die Markgrafen gerade damals
wegen ihres Zerwürfnisses mit dem Kaiser in das Getriebe
der Reichspolitik verflochten waren. Erst im Jahre 1373
konnten sie energisch für Hessen eintreten. Sie verboten
ihren Vasallen und den in ihren Territorien angesessenen
Herren, sich dem Sternerbunde anzuschliefsen und gegen die
hessischen Landgrafen feindlich aufzutreten[7]. Am 8. Juni

---

[1] U. der Markgrafen bei Sudendorf a. a. O. III S. 247. n. 368, Gegenurk. Ottos. Cop. 6 fol. 18 f., vgl. Sudendorf a. a. O. III Einl. S. XXXVIII f.
und V Einl. S. IX f.

[2] Joh. Rothe in Th. Gqu. III S. 621. Cap. 716.

[3] U.U. vom 16. 17. 26. Mai 1372. Or. 4063; Cop. 29 fol. 84 b; Or. 4025.

[4] Hist. Pist. S. 1351. Cap. 119; Historia Landgraviorum bei Eccard
a. a. O. S. 460; Rothe a. a. O. S. 623 malt die Nachricht aus und bringt
sie in falschen zeitlichen Zusammenhang, vgl. Küch a. a. O. S. 422.

[5] Landau a. a. O. S. 50; Küch a. a. O. S. 422.

[6] Dieser Umstand erklärt wohl das Schweigen anderer Chroniken, z. B.
der Limburger Chronik (in den M. G. SS. Deutsche Chroniken IV. 1 S. 62.
Cap. 94) über die thüringische Hilfe.

[7] U. Fritz' und Heinrichs von Heringen vom 30. März 1373. Cop. 27
fol. 87.

1373 schlossen sie mit den Landgrafen ein Defensiv- und
Offensivbündnis auf Lebenszeit[1]. In dem unmittelbar hierauf
folgenden Erbverbrüderungsvertrag treten uns die Gesichtspunkte, von denen die Wettiner in ihrer hessischen Politik
geleitet wurden, klar entgegen. Am 9. Juni 1373 kamen die
Fürsten beider Länder in Eschwege überein, dafs, wenn eines
der beiden Häuser im Mannesstamme aussterben würde, das
andere seine gesamten Besitzungen erben sollte[2]. Der Einwilligung des Kaisers als des obersten Lehnsherren, ohne
welche eine Erbverbrüderung über reichslehnbare Gebiete
nicht geschlossen werden konnte, hatte man sich bereits vorher
versichert. — Unzweifelhaft ging die Anregung zu diesem
Vertrage von den Wettinern aus, sie verlangten eine reiche
Entschädigung für ihre Unterstützung im Sternerkriege. Sie
lockte der Gedanke an die Möglichkeit eines Anfalles der
ihnen so günstig gelegenen Landgrafschaft Hessen an ihr
Haus; denn der hessische Mannesstamm beruhte allein auf
Hermann, und dieser war, obwohl seit sechs Jahren verheiratet,
kinderlos. Wie glänzende Aussichten schienen sich ihnen zu
eröffnen! Die Machtstellung ihres Hauses mufste dann in
ganz Mitteldeutschland eine überragende werden. — Die Landgrafen von Hessen willigten dagegen in den Vertrag, um vor
allem des dauernden Schutzes und der Hilfe der thüringischmeifsnischen Macht gewifs zu sein und andererseits, um dem
verhafsten Herzog Otto von Braunschweig und seinen Erben
die Nachfolge in Hessen für immer unmöglich zu machen;
denn die Markgrafen verpflichteten sich ausdrücklich, niemals
darin zu willigen, dafs, falls die hessischen Lande an sie
fallen sollten, ein Stück der Landgrafschaft an den Braunschweiger oder seine Erben überginge. Um nicht nur
durch eine politische Mafsregel den Absichten Ottos entgegenzuwirken, sondern auch seine Ansprüche rechtlich zu be-
seitigen, mufste Landgraf Hermann die allodialen Teile
Hessens — nur Eschwege und Boyneburg waren Reichslehen
— in Reichslehen verwandeln[3]. Zu dem Zwecke liefs er die
gesamte Landgrafschaft am 6. Dezember dem Kaiser auf und

---

[1] Or. 4050.
[2] Die U. öfters gedruckt, z. B. bei Sudendorf a. a. O. IV S. 242. Die
irrtümliche Ansicht Lönings: Die Erbverbrüderungen zwischen den Häusern
Sachsen und Hessen (Frankfurt 1867) S. 15, dafs der Erbverbrüderungsvertrag
ohne Erlaubnis des Kaisers geschehen sei, ist bereits von Wenck a. a. O. S. 26
Anm. 2 durch Hinweisung auf die Stelle der kaiserlichen Bestätigungsurkunde
vom 13. Dezember 1373: „wann solche vormachunge, gaben miterbschaft und
gemeinschaft mit unserm guten willen vollbort und gunst vormals geschehen
waren" widerlegt worden. Aufser den von Wenck angeführten Städten
leistete auch Jena vor der kaiserlichen Bestätigung die Erbhuldigung am
19. November. Th. Gqu. VI S. 345.
[3] Vgl. Löning a. a. O. S. 17 und Wenck a. a. O. S. 26 Anm. 5.

empfing sie als reichslehenbares Fürstentum zurück[1]. Durch
diesen wichtigen staatsrechtlichen Akt trat Hessen in die
Reihe der anderen grofsen Reichsfürstentümer ein. — Am
13. Dezember bestätigte der Kaiser die Erbverbrüderung und
belehnte die drei meifsnischen Markgrafen in der Person des
allein anwesenden Wilhelm und den Landgrafen Hermann
feierlich zu gesamter Hand mit allen ihren Fürstentümern[2].

Der vereinigten hessischen und wettinischen Macht vermochte der Sternerbund auf die Dauer nicht zu widerstehen,
zumal auch der Kaiser gegen ihn einschritt. Durch seine
Mafsregeln gegen den Sternerbund wollte Karl sich den mit
ihm befreundeten Wettinern gefällig erweisen. Auch mufste
ihn ein so grofser Ritterbund, der die Ruhe des Reiches ge-
fährdete, in Besorgnis versetzen. Daher gab er den Markgrafen Gelegenheit, den widerspenstigen Adel da, wo er am
kühnsten sein Haupt erhob, niederzuwerfen, indem er ihnen
am 22. August 1373 die Landvogtei in der Wetterau mit den
Städten Frankfurt, Friedberg, Wetzlar und Gelnhausen übertrug und den Bürgern daselbst, sowie den Grafen, Herren
und Dienstmannen jener Landschaft befahl, ihnen gehorsam
zu sein[3]. Als Friedberger Burgmannen dennoch dem Sternerbunde nicht entsagten, richtete der Kaiser noch zweimal, am
26. Oktober und 14. Dezember, strenge Befehle an dieselben,
sich der Einung zu enthalten und die Fürsten von Meifsen
und Hessen nicht weiter zu schädigen[4]. Ende 1373 war die
Kraft des Sternerbundes gebrochen, einzelne mächtigere Mitglieder machten nacheinander ihren Frieden mit den fürstlichen Gegnern[5]. Herzog Otto und der Graf von Ziegenhain,
Männer ohne politische Begabung, waren nicht zur Leitung
einer solchen Bewegung geschaffen. Der Krieg zog sich noch
einige Jahre hin und zersplitterte sich in einzelne Fehden:
noch im Jahre 1374 sammelte Markgraf Wilhelm ein Heer
von etwa 500 Lanzen, um die letzten Regungen zu unter-
drücken[6]. Der Sternerbund als solcher war der fürstlichen Gewalt unterlegen, so dafs seine Mitglieder sich schliefslich nach
dem Urteil der Chronisten schämten, ihm angehört zu haben[7].
Viele seiner streitbaren Elemente aber tauchten in dem jetzt
beginnenden Streit um das Erzbistum Mainz wieder auf; denn

---

[1] RK. n. 5300; Or. 4067.

[2] Lünig RA. V b S. 3. An demselben Tage hob der Kaiser die Reichsacht, in die den Landgrafen Hermann eine Klage des Erzbischofs Johann von
Mainz gebracht hatte, auf. Or. GA. Weimar, Reg. C S. 155. n. 1ᴮ; vgl. RS.
n. 651 (wohl mit falschem Datum).

[3] RK. n. 7388. Or. GA. Weimar, Reg. F S. 38 B. n. 4a; RK. n. 5228.

[4] RK. n. 5282. 5322.

[5] Landau a. a. O. S. 62 ff.

[6] Verzeichnis der meifsnischen Streitkräfte. Cop. 26 fol. 114, gedruckt
im Archiv für sächsische Geschichte, herausg. von Weber, III (1865) S. 134.

[7] Hist. Pist. S. 1351; Historia Landgraviorum a. a. O. S. 460.

ihrer bediente sich Graf Adolf von Nassau zur Behauptung
dieses Erzstuhles, und zwar mit weit gröfserem Geschick und
Erfolg, als der unfähige, stürmische Quade. Daher verlor
sich die allgemeine Bewegung des unzufriedenen Rittertums
im westlichen Mitteldeutschland in den grofsen Mainzer Bistumsstreit, dem wir jetzt unsere Aufmerksamkeit zuzuwenden
haben.

2.

Als Erzbischof Johann von Mainz am 4. April 1373 plötzlich starb, wählte das Kapitel einstimmig den zwanzigjährigen
Bischof Adolf von Speier, einen geborenen Grafen von Nassau[1].
Schon zwei Jahre vorher hatte ihn der kleinere Teil des
Kapitels auf Betreiben des einflufsreichsten Domherrn, Heinrich
Beyer von Boppard, erkoren, aber er hatte damals dem Neffen
des Kaisers, Johann von Luxemburg-Lingny, weichen und sich
mit dem Bistum Speier begnügen müssen. Um so eifriger
war er jetzt darauf bedacht, in den Besitz der hohen Kirchen-
würde zu gelangen; seine Aussichten waren günstig, da das
ganze Kapitel, welches er durch Versprechungen und Geschenke gewonnen hatte[2], einmütig und entschieden auf seiner
Seite stand. Bald nach seiner Wahl gelang es ihm, sich in
den thatsächlichen Besitz des Erzstiftes zu setzen. Die
Mainzer Vasallen, auch auf dem entlegenen Eichsfeld huldigten
dem jugendlichen Bischof als Administrator, Mompar und Pro-
visor ohne Widerstreben, zumal das Kapitel in dringlichen
Schreiben seinen Kandidaten als einen Mann von ausgezeich-
neter Tüchtigkeit und weltmännischer Erfahrung[3] überall
empfahl und für seine Anerkennung wirkte.

Gleichzeitig suchte Adolf die päpstliche Bestätigung zu
erlangen. Zu diesem Zwecke entsandte er den Erfurter

---

[1] Über die Mainzer Verhältnisse vgl. Kummer: Die Bischofswahlen in
Deutschland zur Zeit des grofsen Schismas 1378—1418 (Leipzig 1892) S. 58 ff.;
Handlofs: Adolf I., Erzbischof von Mainz und sein Gegner Ludwig von
Bamberg (Diss. Breslau 1874); Schliephake: Geschichte von Nassau V (von
K. Menzel. Wiesbaden 1879) S. 30 ff. Die jüngste Arbeit ist die von
Koniecki: Die Wettiner im Kampfe mit Adolf I. von Mainz 1373—1381
(Diss. Leipzig 1894). Da ich mich mit Anlage und Ergebnis dieser Arbeit
durchaus nicht einverstanden erklären kann (die wichtigste Litteratur wie
Lindner, Menzel u. s. w. bleibt unbenutzt; Darstellungen von Falkenstein
(1739) und Ussermann (1802) werden für gleichzeitige Chronisten gehalten
und als Quellen verwertet), versuche ich die Darstellung des Bistumstreites
mit besonderer Berücksichtigung der Wettiner aufs Neue, ohne auf Konieckis
Ausführungen im einzelnen einzugehen.
[2] Siehe Kummer a. a. O. S. 59 f. Schon von der ersten Wahl sagt
das Chron. Mogunt. a. a. O. S. 182: „promissis et muneribus, ut dicitur“.
[3] In der Urkunde des Kapitels vom 19. April 1373, an Duderstadt gerichtet, heifst es von Adolf: „der da an kunsten und sitten, an macht und
vorsichtigkeit in geistlichen und weltlichen sachen erfahren sei“. Jäger:
Urkundenbuch der Stadt Duderstadt bis zum Jahre 1500 (Hildesheim 1883) S. 98.

Kanoniker Dietrich von Ilfeld nach Avignon[1] und liefs, um seiner Bitte Nachdruck zu geben, dem Papste die Summe von 22000 Gulden überreichen, die er unter dem Namen des Zehnten in der Mainzer Diöcese aufgebracht und aus eigenen Mitteln ergänzt hatte[2]. So hoffte er, die Kurie, die sich wegen des Krieges mit den Viscontis in Geldverlegenheit befand, am sichersten zu gewinnen. Aber der Papst schien eine so wichtige Stelle im Reiche nicht besetzen zu wollen, ohne vorher beim Kaiser angefragt zu haben. Gregors XI. politische Lage erforderte dringend ein gutes Einvernehmen mit dem Kaiser. Ohne Karls IV. Mitwirkung glaubte er das Hauptziel seiner Politik, die Niederwerfung des übermächtigen Hauses Visconti in Mailand und die Rückverlegung des päpstlichen Stuhles nach Rom nicht erreichen zu können. So wurde die Mainzer Angelegenheit eine Frage der grofsen Politik. Gregor nahm das Geld an, welches Adolf ihm bot, ohne jedoch das Pallium zu erteilen; er beschlofs ihn durch Versprechungen[3] hinzuhalten, bis der Kaiser sich geäufsert hätte.

Wie stellte sich nun Karl zu der Mainzer Frage? Er betrieb damals aufs eifrigste die Wahl seines Sohnes Wenzel zum römischen König und bemühte sich, für diesen Plan die einzelnen Kurfürsten zu gewinnen[4]. Schon war er der weltlichen Stimmen so gut wie sicher, und jetzt bot sich ihm die Gelegenheit, auch den vornehmsten geistlichen Kurfürsten seiner Politik dienstbar zu machen, wenn es ihm gelang, eine ergebene Person auf den Mainzer Stuhl zu bringen. An Adolfs von Nassau Ergebenheit mufste er zweifeln, da er schon einmal, im Jahre 1371, zu dessen Ungunsten die Wahl seines Neffen Johann durchgesetzt hatte; auch war sein Verhältnis zu Adolfs Oheim, dem Erzbischof Gerlach, in dessen letzten Regierungsjahren ein gespanntes gewesen[5].

Der Kaiser konnte für seinen Plan kaum eine geeignetere Persönlichkeit finden, als den Bischof L u d w i g v o n B a m - b e r g aus dem befreundeten Hause Wettin. Da Ludwig seine Beförderung allein den Verwendungen des Kaisers verdankte, so mufste Karl in ihm ein gefügiges Werkzeug erhalten, während der vom Kapitel gewählte Nassauer nach seiner Be-

---

[1] Siehe unten S. 62 Anm. 7.

[2] Chron. Mogunt. a. a. O. S. 192.

[3] Ebenda: „cum jam predictus Adolfus firmiter putaret se confirmari per papam: idem papa deludendo ipsum, quamvis antea semper sibi bonum finem spospondisset, ipso amoto providit Ludowico".

[4] Vgl. Lindner: Geschichte des deutschen Reichs unter König Wenzel (Braunschweig 1875) I S. 22 f. und denselben: Wahl Wenzels von Böhmen zum römischen König in den Forschungen zur deutschen Geschichte XIV (1874) S. 251 ff.

[5] Siehe S. 37.

stätigung dem Kaiser nicht zu besonderem Danke verpflichtet war und sich voraussichtlich gleich seinen habsüchtigen rheinischen Mitkurfürsten seine Stimme teuer hätte bezahlen lassen. — Wann zuerst zwischen Karl IV. und den Wettinern Verhandlungen wegen der Mainzer Angelegenheit angeknüpft worden sind, ist nicht mit Gewißheit festzustellen.

Unzweifelhaft haben die Markgrafen das Anerbieten des Kaisers mit Freuden angenommen. Glückte der Plan, so wurde der Einfluß ihres Hauses in der Reichspolitik außerordentlich erhöht: sie verfügten dann bei der unselbständigen Natur ihres Bruders über die erste Kurstimme und zwar in einer Zeit, wo der Kaiser alt und leidend war, und das Reich stürmischen Zeiten entgegengehen konnte. Durch die Beherrschung des Mainzer Stuhles und seiner umfangreichen Besitzungen war das Haus Wettin in der Lage, mit Erfolg jene zahlreichen kleinen Gewalten in Thüringen niederzuwerfen, die der landesherrlichen Macht kräftig entgegenwirkten; dann hielt wettinischer Einfluß von allen Seiten jene gräflichen und reichsstädtischen Herrschaften umklammert, dann standen ihm auch geistliche Waffen zu Gebote. Vielleicht gelang es auch Ludwig als Erzbischof, seinen Brüdern diesen oder jenen für sie so wichtigen Gebietsteil an der Werra und Unstrut in die Hände zu spielen. — Diese Erwägungen mußten sich den Markgrafen aufdrängen. Zielbewußt traten sie an die große Aufgabe heran. Die Mainzer Angelegenheit beherrschte die ganze wettinische Politik in den folgenden sechs Jahren. Vor allem war es Friedrich, der mit klarem Blick die Verhältnisse übersah und später mit Aufbietung aller Kräfte seines Landes das schwierige Ziel zu erreichen suchte [1].

Karl IV. hatte seine meißnischen Bundesgenossen in der letzten Zeit auffallend begünstigt: er hatte seine Tochter Anna mit dem jungen Markgrafen Friedrich verlobt und den Wettinern in ihrer hessischen Politik mehrmals Beweise seiner Huld gegeben. Am 1. September gelobten er und Wenzel den Markgrafen von Meißen alle ihre mündlich und schriftlich eingegangenen Verpflichtungen erfüllen zu wollen [2]. Leider ist die Urkunde zu allgemein gehalten, um daraus bestimmte Schlüsse ziehen zu können, aber die Vermutung ist nicht unwahrscheinlich, daß sich diese Abmachungen unter andern

---

[1] In einer undatierten Urkunde sagt Ludwig von Mainz: „als sich der hochgeborne Fürste er Friedrich marcgrave unser lieber bruder iezunt in unsere kryge und geschefte vestiglich gesatzt hat und uns auch getrulichen hilfet, getet und zeugeleget in unsern noten vor allen andern unsern brudern und frunden". Cop. 6 fol. 38 b.

[2] RK. n. 5254. An demselben Tage entbanden Karl und Wenzel den Markgrafen Wilhelm aller ihretwegen eingegangenen Gelübde. Or. 4058; vgl. RK. n. 7389 (mit dem Datum des 11. statt 1. September).

auch auf die Wahl Ludwigs bezogen. — Während dieser im
Herbst 1373 nach Avignon[1] reiste, um mit dem Papste persönlich zu verhandeln, verbanden sich die böhmischen Könige
mit dem Bistum Mainz und mit Gerhard von Würzburg am
6. Dezember in Prag zu einmütigem Vorgehen bei der Königswahl, wenn Karl sterben sollte und für den Fall jeder
künftigen Thronerledigung[2]. Unter dem in der Urkunde
Karls und Wenzels nicht namentlich genannten Erzbischof
von Mainz ist unzweifelhaft Ludwig zu verstehen, da Adolf
und das Kapitel nicht des Kaisers Verbündete waren[3]. Ludwig
wurde in der Urkunde nicht genannt, weil er noch der päpstlichen Bestätigung ermangelte. Wahrscheinlich hat er bereits
vor seiner Reise nach Avignon dem Kaiser für den Fall, daſs
er das Erzbistum Mainz erlangte, seine Stimme bei der Königswahl zugesichert, und sein Bruder Wilhelm, der gerade in
jener Zeit in Prag anwesend war, mochte wohl nochmals für
ihn die Verpflichtung übernommen haben[4]. Daſs Ludwigs
Reise zum Papste nicht erfolglos sein würde, war vorauszu-
sehen, da er an Karl einen eifrigen Fürsprecher hatte[6]. Be-
stimmend wirkte auf Gregors XI. Entscheidung allein der
Wille des Kaisers. Von untergeordneter Bedeutung waren
andere Momente, wie die Anklagen der Gegner Adolfs, daſs
er die Stimmen des Kapitels erkauft habe[6]. Und das Gerücht,
Adolf habe den Erzbischof Johann vergiften lassen und sich
so den Weg zu der hohen kirchlichen Würde gebahnt[7], ist,
wie derartige Gerüchte so häufig, erfunden und wird auf den

---

[1] Am 12. Oktober bestellte Ludwig den Burggrafen von Nürnberg zum
Verweser seiner Lande. Da er „von nötiger anliegender Sache wegen vom
Lande gein Avion reiten" wollte. Mon. Zoll. IV S. 249.
[2] Deutsche Reichstagsakten I (herausg. von Weizsäcker) S. 6.
[3] Vgl. Wenck: Wettiner S. 24 und Lindner in den Forschungen XIV
S. 257, dessen Beweisführung Menzel a. a. O. S. 34 nicht widerlegt; denn
nicht allein Gerhard von Würzburg verpflichtete sich, sondern auch der
nicht namentlich genannte Erzbischof von Mainz. Reichstagsakten I S. 9:
„als auch die der erczbischoff zu Mencze und der bischoff zu Wirczburg ....
für sich und ir nachkommen .... in guten truwen gelobt ...".
[4] Die Anwesenheit Wilhelms in Prag ist erst für den 13. Dezember
urkundlich bezeugt (siehe S. 57); aber höchst wahrscheinlich war er wegen
der hessischen Angelegenheit schon vorher dort, und gerade am 6. Dezember
trug Landgraf Hermann seine Länder dem Kaiser auf. Der Passus der kaiserlichen Bestätigungsurkunde: „wann auch der egen. Wilhelm .... und wann
auch gleicher Weise und zu derselben Stunden der vorgen. Hermann ...
für uns kommen ist .... und bate uns demütlich, daſs wir den obgen. Friedr.
Balth. Wilh. leihen möchten ..." ist wegen der Worte „und bate uns .....
leihen möchten" nicht auf die erste Auflassung Hermanns am 6. December,
sondern auf die zweite, deren Datum wir nicht kennen, zu beziehen.
[5] Chron. Mogunt. S. 188: „Gregorius papa diu distulit confirmationem
predicti archiepiscopi imperatoris impediente et scribente pro
episcopo Bambergensi".
[6] Bodmann: Rheingauische Alterthümer (Mainz 1819) I S. 147; vgl.
Handlofs a. a. O. S. 18 Anm. 3.
[7] Siehe Kummer a. a. O. S. 62.

Papst keinen Eindruck gemacht haben. Für Ludwig konnte
vielleicht noch seine Vergangenheit in Betracht kommen: er
war, obwohl im übrigen ein unbrauchbarer Bischof, stets ein
treuer Sohn der Kurie gewesen und hatte vor allem ohne
Widerstreben die ihm auferlegten Summen an den Avignoner
Hof entrichtet, sich auch wohl durch freiwillige Geschenke
die päpstliche Gunst zu erwerben gewußt[1]. Bald erhielt er
in Avignon seines Wunsches Gewähr[2]. Bereits am 21. April
1374, kurz nach seiner Rückkehr nach Deutschland, urkundete
er in Gotha als Erzbischof von Mainz[3], während die päpstliche Provisionsurkunde für ihn erst am 28. April ausgestellt
wurde[4]. Nachdem er im Juni auf dem Markte zu Tangermünde vom Kaiser die feierliche Belehnung mit den Regalien
erhalten hatte[5], stand er als rechtmäßiger Erzbischof dem
nassauischen Prätendenten, der sich im thatsächlichen Besitz
des Stiftes befand, gegenüber.

Ein Krieg mußte zwischen beiden entscheiden.

Die rastlose Thätigkeit Adolfs in den Jahren 1373 und
1374 — er suchte sich durch Verpfändungen, Belehnungen,
Vergabungen und Verträge die Mittel zu verschaffen[6], um
sich auf jeden Fall im Besitz des Erzbistums zu behaupten —
beweist, daß er auf eine ablehnende Haltung des Kaisers ge-
faßt war. Erst ziemlich spät wird ihm sein Gesandter Dietrich
von Ilfeld die Nachricht von der Erfolglosigkeit seiner Bemühungen in Avignon gebracht haben[7], da das Kapitel erst
im August 1374 an alle Vasallen des Stiftes die bündige Aufforderung erließ, Adolf trotz der Nichtbestätigung von seiten

---

[1] Am 19. März 1372 bekennt der päpstliche Legat Wilhem de Lacu,
2457 Gulden für den Papst von Ludwig erhalten zu haben. Or. GA. Weimar,
Reg. B S. 234 a. n. 4 a.

[2] Nach dem Vorgang Hoffmanns: Annales Bambergenses V S. 209 (bei
Ludewig: Scriptores rerum Episcopatus Bambergensis (Frankfurt u. Leipzig
1718) I) behauptet Kummer a. a. O. S. 62, daß Gregor die Ansprüche beider
Kandidaten auf einer Versammlung in Villanova untersuchen ließ. Aber
keine einzige Quelle erwähnt diese Versammlung, und es ist doch nicht
glaublich, daß der Papst aus solchem Anlaß eine Versammlung berief.

[3] Guden: Codex dipl. anecdotorum res Moguntinas illustrantium (Frankfurt u. Leipzig 1743 ff.) III S. 516.

[4] Or. GA. Weimar, Reg. C S. 660 B. 1. An demselben Tage zeigte
Gregor seine Provision den Mainzer Vasallen an. Ebenda Reg. C S. 660 B. 2;
HStA. Dresden, Or. 4089. Er ernannte Lamprecht von Straßburg zu Lud-
wigs Nachfolger in Bamberg.

[5] Magdeburger Schöppenchronik a. a. O. S. 266. Am 29. Juni unter-
zeichnete Ludwig als Erzbischof und Kurfürst eine kaiserliche Urkunde.
RK. n. 5361.

[6] Siehe Handloß a. a. O. S. 24 ff.

[7] Die Zeit der Absendung Dietrichs und seiner Rückkehr nach Mainz
ist nicht festzustellen. 1375 beschuldigte ihn Beyer von Boppard, daß er
Adolfs Interessen lässig vertreten habe. Mainz-Aschaffenburger Ingrossaturbuch IX fol. 326 b–329 a. Wahrscheinlich hatte der Mißerfolg Dietrichs
weniger seinen Grund in seiner Lässigkeit und Unfähigkeit als in den obwaltenden Verhältnissen.

des Papstes beizustehen[1]. Obwohl sie nach einhelliger Wahl —
so führten die Domherren aus — Adolf zu einem Administrator erkoren und „die Kur und Postulatie an den heiligen
Vater gütlich und demütig gesandt hätten", habe der Papst
nichts davon hören wollen. Da sie aber keinen besseren Erzbischof wüfsten, als Adolf, so würden sie ihm gegen jedermann
beistehen, und ebenso sollten alle Angehörigen des Stifts
handeln. Um dieser schriftlichen Aufforderung Nachdruck zu
geben, reisten einzelne Domherren, darunter der überaus
tüchtige Dekan Heinrich Beyer von Boppard, die rechte Hand
des jungen Nassauers, in verschiedene Gegenden des Erzbistums[2]. Bereitwillig gewährte das Kapitel dem Administrator
die erforderlichen Geldmittel zu Anwerbung von Söldnern
und gestattete ihm zu dem Zwecke, mainzische Besitzungen
und Einkünfte für 20 000 Gulden zu verpfänden[3].

Nachdem es Adolf gelungen war, in ein freundliches Verhältnis zu seinen einflufsreichsten Nachbarn Kuno von Trier
und Friedrich von Köln zu treten[4], begab er sich in die ent-
fernteren mainzischen Besitzungen, um durch persönliches
Auftreten die dortigen Vasallen fester an sich zu ketten und
Bundesgenossen zu gewinnen. Diese gewährte ihm vor allem
der zwar im Niedergang befindliche, aber noch nicht völlig
überwundene Sternerbund. Scharfblickend, wie er war, übersah Adolf sofort die Verhältnisse und beschlofs, sich mit den
Führern des Sternerbundes ins Einvernehmen zu setzen und
sich dadurch der streitbaren Elemente dieser Vereinigung zu
versichern. Mit dem Sternerhauptmann Otto von Braunschweig schlofs er am 29. August ein enges Bündnis auf
Lebenszeit gegen Ludwig und seine Brüder, sowie gegen die
Landgrafen von Hessen. Denn Herzog Otto, der gegen die
vereinigte Macht der meifsnischen und hessischen Fürsten
seine Ansprüche auf die Landgrafschaft nicht hatte durch-
setzen können und eines seiner Bundesmitglieder nach dem
andern verloren hatte, sah in Adolf einen willkommenen Verbündeten, während der Mainzer Administrator mit braun-
schweigischer Hilfe vor allem seine eichsfeldischen Besitzungen
leichter verteidigen zu können glaubte. Die Bestimmungen
des Vertrags und der bis ins einzelne verabredete Kriegsplan
deuteten vornehmlich auf einen Krieg mit den Wettinern hin[5].

[1] U. vom 11. August 1374. Jaeger a. a. O. S. 103.
[2] Ebenda S. 104.
[3] U. vom 20. Mai 1374. Lang: Regesta Boica IX S. 314.
[4] Chron. Mogunt. a. a. O. S. 192.
[5] RS. n. 596; U. Adolfs und des Kapitels bei Sudendorf a. a. O. V
S. 39 mit dem 30. statt 29. August (Fer. III. post Barthol.). Vgl. Friedensburg a. a. O. S. 17. Schon vorher hatte Otto zu Gunsten Adolfs eingegriffen,
indem er das mainzische Duderstadt in seinen Schutz nahm. Jaeger a. a. O.
S. 102.

Auch in dem einflufsreichen Sternerführer Werner von Falken-
berg gewann Adolf einen mächtigen Helfer; ihn ernannte er
zum Oberamtmann aller mainzischen Besitzungen in Hessen,
Westfalen, Sachsen, Thüringen und auf dem Eichsfelde[1]. Im
November kehrte Adolf von seiner Reise zurück. Überall
hatte ihn der Erfolg begleitet: er hatte nicht nur die Huldigung aller Vasallen entgegennehmen können[2], sondern auch
manchen starken Bundesgenossen[3] für den bevorstehenden
Krieg gewonnen.

Diese Anstalten Adolfs, die den Markgrafen nicht ver-
borgen bleiben konnten, und die Erfolglosigkeit der Pro-
klamationen Ludwigs, der seine Bestätigung durch den Papst
in den Städten verkündigen und die Vasallen zum Gehorsam
auffordern liefs[4], bewogen die Wettiner zu Gegenmafsregeln.

Vor allem erheischte eine so grofse Aufgabe wie die Erlangung des Mainzer Stuhles Zusammenziehung aller Kräfte.
Um sich daher in der Nähe freie Hand zu schaffen und
fremde Mächte in ihr Interesse zu ziehen, versicherten sich
die Markgrafen des Beistandes ihrer fürstlichen Nachbarn.
Am 23. Mai verbanden sie sich mit dem Erzbischof Peter von
Magdeburg. Beide Kontrahenten gelobten sich im Kriegsfalle
mit 100 Bewaffneten, nötigenfalls aber mit gesamter Macht
beizustehen[5]. Auch den Grafen Johann von Schwarzburg-
Leutenberg zogen sie auf ihre Seite, indem sie ihn zum Amt-
mann in ihrem Schlofs Lichtenberg ernannten[6]. Im Norden
galt es, den unruhigen Herzog Otto von Braunschweig in
Schach zu halten und sein Bündnis mit Adolf durch ein ge-
eignetes Gegenbündnis abzuschwächen. Der ersehnte Bundesgenosse fand sich in Ottos Vetter, dem Herzog Albrecht von
Grubenhagen, der wegen Gebietsstreitigkeiten zur Stellung-
nahme gegen Otto geneigt war und diesem wegen seiner
Nachbarschaft äufserst unbequem werden mufste. In Kassel
schlossen am 3. Oktober die Markgrafen und die mit ihnen
verbündeten Landgrafen von Hessen mit dem Herzoge Albrecht
ein Bündnis, das sich hauptsächlich gegen Otto d. Quaden
richtete[7]. Wie aus der Bestimmung hervorgeht, dafs Albrecht

---

[1] Friedensburg a. a. O. S. 18.

[2] Chron. Mogunt. a. a. O. S. 193: „et omnes fecerunt sibi homagium
respuentes Ludowicum".

[3] Er gewann Ulrich von Cronenberg, Vitztum im Rheingau am 2. August,
Tile von Rusteberg am 18. September; die Gebrüder von Hanstein am
12. Oktober. Vgl. Handlofs a. a. O. S. 34.

[4] Hist. Pist. a. a. O. S. 1352; Historia Landgraviorum bei Eccard a. a. O.
S. 460: „Ludowicus vero Episcopus misit literas suas hinc inde".

[5] Cop. 26 fol. 111 f.

[6] Am 3. Januar 1373. Cop. 26 fol. 123.

[7] Die Markgrafen traten dem Bündnis, das Hermann von Hessen schon
am vorhergehenden Tage mit Albrecht geschlossen hatte, bei. U.U. bei Landau
a. a. O. S. 149 Beil. 29. 30. Vgl. Sudendorf a. a. O. V Einl. S. XIV f. und
Friedensburg a. a. O. S. 18.

zur Hilfeleistung gegen den Bischof Adolf nicht verpflichtet
sein sollte, waren die Markgrafen zufrieden, wenn er nur
seinen Vetter an einem wirksamen Eingreifen zu Gunsten des
Nassauers hinderte.

Ferner erkannten die Markgrafen, daſs für den Mainzer
Streit die Haltung der Herren und Städte Thüringens von
gröſster Bedeutung sein würde. Kein Wunder, daſs sie eiligst
mit ihnen anzuknüpfen suchten. Aber konnte man erwarten,
daſs diese alten Gegner der landesherrlichen Gewalt sich für
ihre Dränger gewinnen lassen würden? Dieselben Erwägungen,
welche die Markgrafen dazu trieben, mit aller Kraft den Besitz des Erzbistums für ihren Bruder zu erzwingen, muſsten
jene Städte und Herren auf die Seite Adolfs drängen. War
doch ein Mainzer Erzbischof aus dem Hause Wettin die
gröſste Gefahr für ihre Selbständigkeit! Um so auffallender
ist das „freundliche Stehen“, das die Städte Erfurt, Nordhausen und Mühlhausen am 24. Juni 1374 mit den Markgrafen auf zwei bezw. drei Jahre abschlossen[1]. Die Wettiner
versprachen, die Städte in ihren Rechten und Freiheiten zu
schützen und sich aller Eingriffe in ihre Gerichtsbarkeit zu
enthalten. In ihrer Vertragsurkunde nannten sie ihren Bruder
den „Herrn von Mainz“. Indem die Städte Ludwig diesen
Titel zugestanden, schienen sie ihn als Erzbischof anzuerkennen.
Aber diese Politik war eine trügerische. Sie hatte ihren
Grund in folgendem: Die Anregung zu dem Bündnisse war
nicht allein von den Markgrafen ausgegangen, sondern der
Kaiser hatte es, wie wir später erfahren, durch seinen Bevollmächtigten Borso von Riesenburg vermitteln lassen[2]. Die
Städte hielten es nun für vorteilhafter, einstweilen scheinbar
den Eingebungen des Kaisers zu folgen und die Markgrafen
in Sicherheit zu wiegen, als von Anfang an offen ihr Pro-
gramm zu verraten. Für ihre wahren Absichten ist es be-
zeichnend, daſs die Erfurter kurze Zeit nach dem Abschluſs
des Vertrages Adolf, „dem Vormünder des Mainzer Stifts“
200 Gulden liehen[3]. Gerade Erfurt wurde das Hauptboll-
werk der mainzischen Macht.

---

[1] U.U. der Markgrafen für Erfurt. Cop. 26 fol. 116; für Nordhausen.
StA. Magdeburg, Abt. Nordhausen A. 3. Die Gegenurkunden der Städte sind
mir nicht bekannt. Daſs auch Mühlhausen ein Bündnis mit den Wettinern
schloſs, geht aus den späteren Verhandlungen hervor; die Erfurter beriefen
sich hinsichtlich dieses gütlichen Stehens auf die anderen Städte (Nordhausen und
Mühlhausen), die es ebenso angehe wie sie. Ingrossaturbuch IX fol. 329 b.
[2] Dies beweist die Urkunde der Markgrafen vom 15. April 1375. Ingrossaturbuch IX fol. 333 b f. Der Passus: „umbe das gutlich stehen, daz
der von Riesenburg von unsirs herren des Kaisers wegen zuschin uns und
en gemachet hait, daz wir doch wol gehalden ....“ kann sich nur auf dies
Bündnis vom 24. Juni 1374 beziehen, da ein anderes nicht zu stande kam.
[3] Urkunde des Mainzer Domherrn Claus vom Stein vom 13. August
1374. StA. Magdeburg, Abt. Erfurt XLI 8.

Da Karls IV. Interesse mit dem der Wettiner aufs engste
verbunden war, strengte er sich für seine Bundesgenossen
aufserordentlich an. Schon in Tangermünde, wo er Ludwig
die Regalien verlieh, wird er mit diesem und dem gleichfalls anwesenden Markgrafen Friedrich Mafsregeln für die
Mainzer Angelegenheit verabredet haben. Nachdem er hier
in der Mark mit den Wettinern und einigen anderen Fürsten
zur Befriedung seiner neugewonnenen Gebiete Landfriedens-
bündnisse geschlossen hatte, traf er später in Nürnberg wieder
mit den Markgrafen [1] zusammen. Damit diese nicht durch
lange Auseinandersetzungen mit dem Herzoge Swantibor von
Pommern wegen einiger hennebergischen Besitzungen von
ihrer mainzischen Politik abgelenkt würden, bot sich der
Kaiser selbst als Vermittler an [2]. Dann eilte er nach Mainz,
um die Wahl seines Sohnes Wenzel zu betreiben und vor
allen die Kurfürsten von Köln und Trier für seinen Plan zu
gewinnen [3]. Zugleich erzeigte er sich den Markgrafen auch
hier gefällig, indem er Ludwigs Anerkennung jetzt beim
Kapitel durchzudrücken suchte. Allein vergebens bot er seinen
kaiserlichen Einflufs auf. Zwar ist der Bericht des Augsburger
Chronisten [4], dafs Adolf den Kaiser zu fangen versucht, dafs
dieser den Bischof um Geleit gebeten habe und schliefslich
mit Schande nach Nürnberg gefahren sei, ohne Zweifel ebenso
übertrieben, wie die Nachricht der Mainzer Chronik [5] von den
erfolglosen unredlichen Umtrieben Karls in Mainz, aber es
steht fest, dafs der Kaiser für Ludwigs Anerkennung nicht
das Geringste erreicht hat. Adolfs Stellung im Erzbistum
war bereits zu fest geworden. Jedoch dieser Mifserfolg
schreckte Karl nicht ab, weiter im wettinischen Interesse
thätig zu sein: am 20. November zog er den mächtigen Grafen
Johann von Nassau-Dillenburg von dem Bunde gegen Meifsen
und Hessen ab, ehrte ihn durch Ernennung zu seinem Hof-
gesinde und nahm ihn in seine Dienste [6].

Während seines zweiten Aufenthaltes in Nürnberg traf
Karl wieder mit den Wettinern und ihrem Freunde Friedrich
von Nürnberg zusammen [7]. Hier im Kreise seiner Getreuen
nahm der Kaiser die Unterhandlungen wegen der Wahl
Wenzels mit diesen Fürsten wieder auf. Sie kamen Ende

---

[1] Bericht des Nikolaus de Poznania an Lamprecht von Strafsburg vom
20. Juli 1374. Wencker: Apparatus et instructus archivorum (Strafsburg
1713) Abt. 2 S. 222.
[2] Ende September 1374, vgl. weiter unten.
[3] Lindner: Deutsche Geschichte I S. 25 f.
[4] Augsburger Chronik in den Chroniken der deutschen Städte IV S. 42.
Vgl. die Bemerkungen Menzels a. a. O. V S. 35 Anm. 2.
[5] Chron. Mogunt. a. a. O. S. 194.
[6] RK. n. 5432; vgl. Menzel a. a. O. S. 36.
[7] Seit dem 2. Dezember ist Karl in Nürnberg; am 6. Dezember ist
auch die Anwesenheit Friedrichs von Meifsen bezeugt. RK. n. 5439.

Dezember in Eger zum formellen Abschluſs. Bedingungslos gelobte Ludwig als Erzbischof von Mainz und Kurfürst des Reichs, Wenzel sofort zum König zu wählen, sobald der Kaiser es verlange[1]. Hierbei zeigte er sich so recht eigentlich als bloſses Geschöpf des Kaisers. Wie ganz anders traten seine Mitkurfürsten bei denselben Verhandlungen auf! Die Gegenleistung Karls bestand wohl nur in dem Versprechen, dem Erzbischof nach Kräften zur Erlangung seines Stiftes behülflich zu sein. Die Brüder Ludwigs und ihr Schwager, der Nürnberger Burggraf, verpflichteten sich Wenzel anzuerkennen und zu unterstützen, sobald er von den Kurfürsten gewählt sei, wogegen Wenzel ihnen versprach, nach seiner Wahl alle Privilegien zu erneuern und ihnen Schäden und Kosten, die ihnen aus seiner Unterstützung etwa erwachsen würden, zu ersetzen[2].

Während dieser diplomatischen Verhandlungen hatte sich der Gegensatz beider Parteien in Thüringen immer mehr verschärft. Schon im Herbst 1374 schien der Krieg auszubrechen. Die Einnahme der mainzischen Festen Salza und Bischofsgattern durch markgräfliche Mannen vergalt Adolf mit einem Streifzuge von Heiligenstadt aus in das landgräfliche und gräflich Schwarzburgische Gebiet[3]. Von groſser Bedeutung scheint jedoch das Unternehmen nicht gewesen zu sein, da wir nur spärliche Kunde davon besitzen. Der hartnäckige Widerstand vieler Geistlichen in Thüringen gegen den Erzbischof Ludwig und die Bedrückungen seiner Anhängerschaft in mehreren Städten, besonders in Erfurt, veranlaſsten Papst und Kaiser zu energischen Maſsregeln gegen die Rebellen. Kraft apostolischer Machtvollkommenheit entband Gregor alle „die Einfältigen, die dem ungehorsamen Bischof von Speier anhingen, von ihren Eiden, die sie jenem geleistet hätten", und forderte sie zur Anerkennung Ludwigs auf[4]. Er beauftragte den Bischof Wittigo von Naumburg und zwei andere höhere Geistliche, die päpstlichen Bullen gegen den Mainzer Eindringling und seine Anhänger zu publizieren[5]. Vergebens drohte Bischof Wittigo mit Bann und Entziehung aller kirchlichen Lehen, vergebens lieſs er die Bannbullen in Gotha, Weimar, Jena, Arnstadt, Eisenach, Hersfeld und in anderen Städten veröffentlichen[6], die Strafen, die

---

[1] Reichstagsakten I S. 10.
[2] U. Friedrichs von Nürnberg und entsprechende U. Wenzels vom 29. Dezember. Reichstagsakten I S. 68 f., U. Wenzels für die Wettiner vom 31. Dezember. Ebenda S. 70.
[3] Chron. Mogunt. a. a. O. S. 194 berichtet als einzige Quelle diesen Zug Adolfs.
[4] HStA. Dresden. Abschrift. Abt. XIV Bd. 90 n. 71.
[5] Gqu.Pr.S. XXII S. 326. n. 1213.
[6] Or. GA. Weimar, Reg. C S. 660 B. n. 3. Siehe unten Abschnitt 3.

der Papst androhte, machten keinen Eindruck. Offen wider-
setzte sich das mächtige Erfurt. Die Anhänger Ludwigs, die
sich in den Mauern dieser Stadt nicht mehr sicher wähnten,
flohen in grofser Zahl und suchten Zufluchtsstätten in Arnstadt
und anderen landgräflichen Städten[1].

Erbittert über den fortgesetzten Widerstand erhob Ludwig
am kaiserlichen Hofgericht Klage gegen die Stadt Erfurt, den
Heerd der Unzufriedenheit, und die Markgrafen veranlafsten
den Kaiser zum Einschreiten gegen die Rebellen. Am 16. Februar
verkündete der Herzog von Teschen als kaiserlicher Hofrichter
den Reichsständen, dafs der Kaiser die Stadt Erfurt wegen
ihres Ungehorsams gegen Ludwig in die Acht gethan und aus
dem Recht ins Unrecht gesetzt habe[2].

Allein auch die Reichsacht verfehlte ihre Wirkung, und
Bischof Adolf benutzte geschickt den günstigen Augenblick,
um mit den durch kaiserliche und päpstliche Strafen gereizten
Gegnern des Erzbischofs ein enges Bündnis zu stande zu
bringen. — Da diese politischen Verwickelungen, deren einzelne
Fäden in den Verhandlungen zu Erfurt und Prag zusammen-
laufen, uns ausnahmsweise durch urkundliches Material aufs
genaueste überliefert sind[3] und von grofser Bedeutung für die
folgenden Ereignisse werden sollten, mögen sie einer eingehenden Betrachtung unterzogen werden.

Ende März 1375 sandte Adolf seinen erprobten Dekan
Heinrich Beyer von Boppard nach Erfurt. Mit unumschränkter
Vollmacht ausgerüstet, führte Beyer des Kapitels und des
Erzbischofs Siegel. Keinem Geeigneteren hätte Adolf eine so
schwierige und wichtige Mission anvertrauen können; denn
Beyer war umsichtig, besonnen, eifrig bedacht auf den Vorteil
des Stifts und seinem Herrn treu ergeben.

In Erfurt waren die Grafen von Gleichen, Graf Heinrich
von Stollberg, Graf Heinrich von Hohenstein-Klettenberg und
Abgesandte der Städte Mühlhausen und Nordhausen zusammen-
gekommen, entweder von Adolf eingeladen oder aus freien
Stücken, um ihre Interessen zu vertreten und entschiedene
Stellung in dem Kriege zwischen Mainz und Meifsen zu
nehmen. — Am 28. März 1372, als Karl IV. noch in feind-
lichem Verhältnis zu den Markgrafen stand, hatte er mit den
genannten Herren und Städten und aufserdem mit dem Erzbischof von Mainz, dem Bischof Gerhard von Naumburg und
der Stadt Erfurt auf zehn Jahre einen Landfrieden geschlossen,
dessen politische Tendenz sich gegen die wettinische Macht

---

[1] Hist. Pist. a. a. O. S. 1352; Historia Landgraviorum a. a. O. S. 460.
[2] HStA. Dresden. Abschrift. Abt. XIV Bd. 88 n. 16.
[3] Hauptquelle ist das Mainz-Aschaffenburger Ingrossaturbuch IX, welches
die wichtigsten Urkunden und die Berichte des Mainzer Dekan an Adolf und
andere Personen in seltener Reichhaltigkeit bietet.

richtete[1]. Adolf beschlofs dieses durch die Teilnahme des
Kaisers und Königs von Böhmen autorisierte Bündnis für seine
Zwecke auszunutzen, indem er sich als Nachfolger des Erzbischofs Johann in den Landfrieden einschob, freilich ohne
alles Recht; denn Ludwig war rechtlich Erzbischof von Mainz
und hätte als solcher in den Landfrieden aufgenommen werden
müssen.

Die erste Aufgabe Beyers war, die Herren und Städte
für Adolf zu gewinnen. Die Hauptverhandlungen führte er
am 1. April und zwar mit ausgezeichnetem Geschick und
überraschendem Erfolge. Mit verschiedenen Privilegien, von
denen die meisten das Recht des Bierbrauens, des Bier- und
Weinschanks, der Einnahme aus den Judengeldern und die
Gerichtspflege betrafen, kam er den Erfurtern entgegen. Die
jetzt erteilten, sowie alle früheren Privilegien Mainzer Erz-
bischöfe gelobte Adolf den Erfurtern binnen sechs Monaten
nach seiner Bestätigung durch den Papst zu verbriefen[2].

Darauf wurden die Bundesinstrumente ausgestellt. Während
Adolf versprach, die Erfurter in allen ihren Freiheiten und
Gnaden, die sie von römischen Königen oder Mainzer Erz-
bischöfen erhalten hätten, mit ganzer Macht zu schirmen[3],
gelobten die Erfurter ihm und seinem Stifte Beistand in jeg-
licher Kriegsnot. Vornehmlich sollte sich das Bündnis gegen
die Übergriffe der Markgrafen von Meifsen richten, falls diese
sich anmafsen würden, Erfurter Bürger vor ihre Gerichte „an
den vier Stühlen" zu laden und sie sonst in ihren Gerecht-
samen zu beeinträchtigen, oder andererseits das Bistum Mainz
an seinen Schlössern und Landen schädigen würden. Ausdrücklich verpflichteten sich die Erfurter, die mainzischen Besitzungen in Thüringen, Sachsen und auf dem Eichsfelde,
namentlich die Städte zwischen Leine und Ruhme[4] und westlich von der Leine das Kastell Hanstein zu verteidigen.

Diesem Bündnisse Erfurts mit Adolf von Nassau trat die
ganze thüringische Liga bei[5]. Einmütig beschlossen die Städte
und Herren, ihre Sache an die des mächtigen Erzbistums zu
ketten und hofften mit dessen Hülfe und durch Organisation
aller der kleinen den Landgrafen feindlichen Gewalten in
Thüringen und den umliegenden Gebieten, den Wettinern mit
Erfolg entgegenzutreten. — Aufserdem mochten die Geld-
spenden, die Adolf ausstreute, auch wohl das ihrige thun.
Jeder der Grafen erhielt einige tausend Gulden[6]. Als Anlafs

---

[1] Vgl. S. 44.
[2] Ingrossaturbuch IX fol. 319 a ff.
[3] U.U. Adolfs. Ebenda fol. 320. 321 a; U. Erfurts. Ebenda fol. 322 a.
[4] Rusteberg, Heiligenstadt, Duderstadt, Hartenberg und Giboldehausen.
[5] Die Bündnisurkunden: Ingrossaturbuch IX fol. 322 a b. 323 a b. Später
trat Graf Hermann von Kranichfeld dem Bunde bei.
[6] Die Grafen von Gleichen erhielten 3500, der Graf von Stollberg 2000,
der Graf von Hohenstein 3000 Gulden. U. Adolfs. Ebenda fol. 328 a.

zu dem Bündnis gaben die Kontrahenten die Übergriffe der
Markgrafen von Meißen an, die die Straßen gesperrt, die
Unterthanen thüringischer Herren und Bürger der Städte
widerrechtlich vor ihre Gerichte geladen und sie von ihren
Festen aus auf offener Straße trotz versicherten Geleites be-
raubt hätten. Zum Schutze gegen diese Gewaltthätigkeiten
vereinigten sie sich unter Bezugnahme auf den von Kaiser
Karl geschlossenen Landfrieden. Den Kaiser und die ehe-
maligen Mitglieder der Einung[1] nahmen sie behutsam aus. —
Zugleich wurden Kontingente und Kriegsmaßregeln genauer
bestimmt. Mainz sollte 300 Gleven stellen, und zwar 100 in
Erfurt, 100 in Mühlhausen und 100 auf dem Eichsfelde,
während die übrigen Mitglieder zusammen 600 Gleven in
ihren Schlössern zum täglichen Kriege bereit halten sollten.

Mit großer Schlauheit war Beyer vorgegangen. In keiner
der Vertragsurkunden wurde Ludwig von Meißen erwähnt,
als handle es sich nicht im mindesten um den Mainzer Bistumsstreit, allein gegen die Übergriffe der Markgrafen von
Meißen richteten sich scheinbar alle Bestimmungen. Adolf
nannte sich niemals in einem seiner Bundbriefe „erwählter
Bischof", wie er bereits vorher zu thun pflegte[2], sondern nur
„Vormund des Stiftes", und formell waren alle Verträge bloße
Praeliminarien; denn sie sollten erst in kraft treten, nachdem
Adolf „von dem geistlichen Vater dem babiste zu einem erz-
bischoff gefuget, gegeben und bestetiget wirt." Man ging so
vorsichtig zu Werke und gab den Verträgen diese Form, um
nicht ungehorsam gegen Papst und Kaiser zu erscheinen und
den Anschein zu erwecken, als erneuerte man lediglich aus
äußerer Not den kaiserlichen Landfrieden.

Alle diese Bündnisurkunden wurden am 1. April auf dem
Rathause zu Erfurt besiegelt. Die Herren und Städteboten
verließen darauf die Stadt.

Sofort nach dem Abschluß der Verträge unterrichtete
Beyer den Mainzer Bevollmächtigten am kaiserlichen Hofe,
Kraft von Hohenlohe, von den Vorgängen in Erfurt[3]. Er
ermahnte ihn dringend, sich auf keinen Fall von dem Kaiser
zu einem Vergleich verlocken zu lassen, denn das Stift Mainz
dürfe sich nicht mehr in einseitige Verhandlungen einlassen,
sondern sei jetzt nach dem Abschluß des Bündnisses an die
Zustimmung und Mitwirkung der thüringischen Herren und

---

[1] Wenzel von Böhmen, Gerhard von Würzburg (vormals Bischof von
Naumburg) und die Grafen von Schwarzburg-Sondershausen. Außerdem
nahm jeder Kontrahent für sich seine Bundesgenossen aus. Danach stand
Adolf in freundlichem Verhältnis zu den Kurfürsten von Trier und Köln, zu
den Herzogen Otto von Braunschweig und Stephan von Bayern und dem
Grafen Eberhard von Würtemberg.

[2] Vgl. Kummer a. a. O. S. 63 Anm. 2.

[3] Undatierter Brief Beyers an Kraft. Ingrossaturbuch IX fol. 327 b.

Städte gebunden. Der kluge Dekan fürchtete nämlich, daſs Karl durch einen Vergleich zu Gunsten der Meiſsner das Bündnis zwischen Adolf und der thüringischen Liga sprengen würde. —

Die Befürchtungen Beyers waren um so begründeter, als die Markgrafen Friedrich und Wilhelm sich gerade während der Erfurter Verhandlungen beim Kaiser in Prag befanden, um mit ihm über die Maſsregeln zu beraten, durch die man den Anschluſs der Herren und Städte an Adolf verhindern zu können glaubte[1]. Als Vertreter der Wettiner hatte Graf Johann von Schwarzburg-Leutenberg an den Erfurter Verhandlungen teilgenommen. Vergeblich war er für das Interesse seiner Herren eingetreten, niemand hatte etwas von ihnen wissen wollen. Daher blieb ihm nichts anderes übrig, als nach Prag zu eilen und den Markgrafen sowie dem Kaiser die Erfolglosigkeit seiner Bemühungen zu melden. Bevor er Prag erreichen konnte, hatte Karl IV. bereits seinen Bevollmächtigten Borso von Riesenburg nach Erfurt abgesandt. Dieser traf am 4. April dort ein und forderte im Namen des Kaisers und Königs Wenzel die Räte der Stadt auf, Ludwig als Nachfolger des verstorbenen Erzbischofs in den Landfrieden aufzunehmen. Inbetreff der von den Erfurtern beim Kaiser vorgebrachten Beschwerden über die Gewaltthätigkeiten der Markgrafen meldete er, daſs Karl hierüber mit den letzteren gesprochen hätte, und dass diese zu einer Auseinandersetzung mit der Stadt bereit wären. — Auf den ersten Punkt erwiderten die Ratsherren, daſs sie kraft des Bündnisses mit den anderen Städten und Herren nicht auf eigene Faust Ludwig in den Bund aufnehmen dürften. Und als Rechtfertigungsgrund für ihren Anschluſs an Adolf gaben sie die Übergriffe der Markgrafen an, die über sie die Acht des Kaisers und den Bann ihres Bruders gebracht hätten, sodaſs sie sich an Mainz um Hülfe hätten wenden müssen. —

Über diese Antwort beriet sich der kaiserliche Bevollmächtigte mit zwei markgräflichen Räten, Kristan von Witzleben und Nickel von Köckeritz, die jedenfalls mit Borso zusammen gekommen waren und von ihren Herren die Weisung erhalten hatten, wenn irgend möglich, den Zwiespalt beizulegen. Auf Bitten dieser meiſsnischen Ritter begab sich Borso am folgenden Tage nochmals aufs Rathaus und versicherte die Erfurter, daſs die Markgrafen geneigt wären, alle Beschwerden abzustellen und ihren Bruder zur Aufhebung des Bannes zu veranlassen. Andererseits aber erinnerte er die Ratsherren an das freundliche Stehen mit den Markgrafen vom 24. Juni des vorigen Jahres, dessen Bestimmungen sie

---

[1] Hierüber und über das folgende siehe Beyers Berichte an Adolf vom 5. und 10. April. Ebenda fol. 327b. 329b. 332a.

zu halten verpflichtet wären. Ohne Erfolg! Die Erfurter
Räte wiederholten die Erklärung, dafs sie ohne ihre Bundesgenossen nichts thun könnten, und dafs das freundliche Stehen
auch die Städte Mühlhausen und Nordhausen angehe. — Um
das letzte und nach seiner Ansicht wirksamste Mittel zu ver-
suchen, ging der kaiserliche Bevollmächtigte nochmals aufs
Rathaus und forderte kurz und bündig die Aufnahme Ludwigs
in den Landfrieden. Dabei zeigte er zwei Urkunden, von
denen die eine das Siegel des Kaisers, die andere das König
Wenzels trug [1]. Karl und Wenzel erklärten darin den Landfrieden für gebrochen und widerriefen ihn, wenn nicht sofort
Ludwig als Mitglied in denselben aufgenommen würde. Aber
auch diese Drohung der gekrönten Häupter stimmte die
Erfurter nicht um, sie „achteten des gar cleyne". — Der
kaiserliche Gesandte reiste am folgenden Tage, den 6. April,
ab, und zugleich mit ihm verliefsen auch wohl die wettinischen
Räte die feindliche Stadt.

An dem trotzigen Sinne der Erfurter waren also alle Ver-
mittelungsversuche gescheitert. Völlig gesiegt hatte der Mainzer
Dekan, der sich bei den letzten Verhandlungen im Hinter-
grunde gehalten, aber ohne Zweifel durch seine Ratschläge
der städtischen Politik ihre Richtung gegeben hatte. Am
7. April, einen Tag nach der Abreise des kaiserlichen Gesandten, benachrichtigte er die mainzischen Städte Duderstadt,
Heiligenstadt u. a. von dem Abschlufs des grofsen Bündnisses
und erteilte ihnen Verhaltungsmafsregeln [2]. Da er bemerkte,
dafs die Markgrafen bereits anfingen, ihre Schlösser zu be-
festigen, und der Ausbruch des Krieges nahe bevor zu stehen
schien, ging er während seines Aufenthaltes in Erfurt mit
rücksichtsloser Energie vor. Nach vielen Anstrengungen setzte
er es beim Rate durch, dafs die zurückgelassene Habe der
geflüchteten Geistlichen konfisziert wurde [3]. Darauf reiste er
nach Erledigung der notwendigen Geschäfte über Heiligenstadt [4] nach Mainz zurück.

Die aufserordentlichen Erfolge seines Dekans schienen
dem jungen Bischof neuen Mut zu geben. Eifrig fuhr er mit
den Kriegsrüstungen fort. In Gotfried von Ziegenhain gewann er den tapfersten Sternerführer zum Bundesgenossen
gegen das Haus Wettin [5]. — Er scheute keine Kosten: Dienst-

---

[1] Karls U. vom 24. März. Guden a. a. O. III S. 518; Wenzels U. vom
29. März. Ingrossaturbuch IX fol. 324 b.

[2] Ebenda fol. 329 b.

[3] Das Inventar der Habe der Erfurter Geistlichen ist gedruckt im An-
zeiger für Kunde deutscher Vorzeit 1882 S. 320 ff.

[4] Bis zum 10. April urkundet Beyer in Erfurt, vom 12. bis 26. April in
Heiligenstadt. Ingrossaturbuch IX fol. 324 ff.

[5] U Gotfrieds. Lang a. a. O. IX S. 324.

verträge und Verpfändungen drängten sich förmlich[1]. Im Juni 1375 mufste er, um die nötigen Summen aufzubringen, gar die erzbischöflichen Stiftskleinode für 4000 Gulden an Mainzer Juden versetzen[2].

Noch immer hoffte er auf Anerkennung durch den Papst und für die Verwendung, die Herzog Stephan von Bayern ihm bei der Kurie versprach, gelobte er ihm, falls seine Bemühungen Erfolg hätten, die Summe von 16000 Gulden[3]. Aber auch die Empfehlungen des Herzogs, an denen es dieser in der Erwartung eines so hohen Lohnes sicher nicht fehlen liefs, bewirkten nichts: Gregor XI. blieb Adolfs Gegner.

Indessen boten auch Ludwigs Brüder alle Kräfte auf. Damit der schwache länderlose Fürst die erforderlichen Rüstungen betreiben könnte, liehen sie ihm die ungeheure Summe von 20000 Mark. Bereits am 22. Februar 1375 quittierte Ludwig über den Empfang des Geldes[4], welches er brauche, „um dem Papste, dem Kaiser und der heiligen Christenheit ihre Rechte und Gehorsam zu behärten und behalten, da er durch Adolfs Widerstand grofsen Schaden, Kosten und Arbeit erlitten habe". Dafür verpfändete er seinen Brüdern aufser Salza und Bischofsgattern die meisten mainzischen Städte des Eichsfeldes[5], die freilich noch erobert werden mufsten. Den Markgrafen, die sich bei dem leidigen Anweisungssystem jener Zeit gleich den meisten ihrer fürstlichen Genossen fast immer in Geldverlegenheit befanden, fiel das Aufbringen solcher Summen ungemein schwer. Und gerade damals war die Kriegführung äufserst kostspielig, da, wie die häufigen Soldregister und Dienstverträge beweisen, jeder Ritter einzeln, und zwar für hohen Lohn angeworben werden mufste. Aufser wiederholten Verpfändungen[6] blieb ihnen nur das Mittel aufserordentlicher Beden, zu welchem sie bereits im folgenden Jahre schreiten mufsten[7].

---

[1] Ebenda S. 329 ff.

[2] Ebenda S. 331.

[3] U. Stephans vom 10. Januar 1375. Joannis a. a. O. I S. 1019, vgl. Kummer a. a. O. S. 65.

[4] U. der Markgrafen. Or. 4112 und Ludwigs (Transsumpt) Or. 4113.

[5] Heiligenstadt, Duderstadt, Scharfenstein, Bischofstein und Gleichenstein.

[6] 1374 Juni 24. Verpfändung von Wachsenburg mit mehreren Dörfern an Bürger von Nordhausen für 1340 Mark Silber. Cop. 26 fol. 116b f.; ferner wurde verpfändet: am 13. März 1375 Sangerhausen für 4000 Schock breiter Groschen und Grellenberg für 700 Schock breiter Groschen an Gebhard von Mansfeld. Or. 4116. 4117; 1375 Juli 5. Neuenburg, Freiburg und Müchcln an Friedrich von Merseburg für 2400 Mark löt. Silbers. Or. 4124; 1375 Juli 4. das Schultheifsenamt zu Nordhausen an Heinrich von Silbernhausen für 600 neue Kreuzgroschen. Or. 4126; 1373 Dezember 13. war Leisnig an Siegfried von Querfurt für 3500 Schock böhm. Groschen verpfändet worden. Or. GA. Weimar, Reg. Aa S. 145 R I A. n. 2a. Vgl. aufserdem Wenck a. a. O. S. 27 Anm. 9.

[7] Siehe unten S. 80.

Bevor sie sich in einen so gewaltigen Krieg einliefsen, gaben sie in einem Manifest an ihre Städte zu ihrer Entschuldigung den Anlafs des Krieges genauer an. Es erschien zehn Tage, nachdem die Verhandlungen in Erfurt zu Ungunsten der Wettiner entschieden waren[1]. Sie erklärten, dafs sie das freundliche Stehen mit den Erfurtern wohl gehalten und alle möglichen Anstrengungen gemacht hätten, um den Frieden zu bewahren. Sie seien bereit, dem Kaiser als Schiedsrichter die Entscheidung des Streites zu übertragen und 10 000 Mark Bufse zu zahlen, wenn sie im Unrecht befunden würden. Aber die Erfurter hätten ihr Bündnis frech gebrochen, indem sie markgräfliche Feinde gehauset und geheget und gegen ihre Unterthanen Raub und Mord verübt hätten. Dieser Rechtsbruch sei um so ärger, als die Stadt als solche und die einzelnen Bürger ihre geschworenen und gehuldeten Mannen wären[2]. Auch würfen ihnen die Erfurter vor, dafs sie sich in ihres Bruders Ludwig Sachen gemischt hätten. Aber dieser sei ja vom Papste bestätigt und vom Kaiser belehnt worden, mithin rechtmäfsiger Erzbischof, sodafs kein Vertrag sie an seiner Unterstützung hindere. Sie hätten sich ja auch niemals verpflichtet, die Erfurter gegen Kaiser und Papst zu schützen und zu verteidigen. Die Erfurter hätten nur die Absicht, „aus rechtem Übermut mit ihnen zu kriegen". Sie forderten ihre Städte schliefslich auf, jene zu ermahnen, Gott, das Recht und ihre Eide anzusehen. Sonst würde jedermann erkennen, dafs das Unrecht auf ihrer Seite wäre, und niemand würde es den Markgrafen verargen, Gewalt mit Gewalt zu vergelten.

Schleunigst warben sie nach dem Abbruch der diplomatischen Verhandlungen um Bundesgenossen. Stattlich war die Schar der gröfseren und kleineren Fürsten, die sich um die Wettiner sammelten: die Grafen von Mansfeld, Reinstein[3], Beichlingen[4], Henneberg[5], die Reufsen[6] von Gera, der Burg-

---

[1] U. der Markgrafen vom 15. April. Gotha. Ingrossaturbuch IX fol. 333 b f.

[2] Dies bezieht sich darauf, dafs die Erfurter mehrere landgräfliche Lehen besafsen, vgl. darüber Tettau: Geschichtliche Darstellung des Gebietes der Stadt Erfurt, in den Mitteilungen des Vereins für Geschichte von Erfurt XIII (1887) S. 51 ff.

[3] Am 12. März 1375 gewinnen Gebhard von Querfurt und zwei markgräfliche Ritter diese Grafen für die Wettiner. Or. 4115. Am Tage darauf verpfändeten die Markgrafen dem Mansfelder Sangerhausen und Grellenberg. Siehe S. 73 Anm. 6.

[4] Lehnsrevers der Grafen Gebhard und Heinrich von Beichlingen über Kischhausen und Bendeleben am 16. April 1375. Or. 4118.

[5] U. der Markgrafen vom 8. August 1375, worin sie erklären, den Heinrich von Gera für alle Verluste schadlos halten zu wollen. Th. Gqu. V 2 S. 187. n. 226.

[6] Dasselbe geloben sie am 29. Juli dem Grafen Heinrich von Henneberg. Brückner: Hennebergisches UB. III S. 88.

graf von Nürnberg [1] und die Grafen von Schwarzburg-Leutenberg [2] traten gleich von Anfang an aufser den früher genannten auf ihre Seite. — Von mehreren thüringischen Rittern wurden ihnen Schlösser, deren Benutzung im Kriege für sie ungemein wichtig war, zur Verfügung gestellt, so die Festen Hanstein [3] und Wangenheim [4]. — Verhältnismäfsig am geringfügigsten war die Hülfe des Fürsten, den die Markgrafen sich durch vielfache Unterstützungen im Sternerkriege zu Danke verpflichtet und durch die bekannte Erbverbrüderung vor allen an sich gekettet hatten: Hermanns von Hessen. Für ihn hatte der Streit um Mainz an politischem Interesse verloren, seitdem er sich am 26. Februar 1375 mit seinem grimmigsten Gegner Otto von Braunschweig in Frieden geeinigt hatte [5]. Zwar schlofs Hermann seine wettinischen Verbündeten in diese Sühne mit ein; was sollte dies aber bedeuten, wenn er dennoch dem Herzoge gestattete, dem Bischof Adolf im Kriegsfalle mit 40 Gleven zu Hülfe zu kommen! Der Landgraf war froh, sich seines durch den Sternerkrieg furchtbar mitgenommenen [6] Ländchens annehmen zu können. Von einem energischen Eintreten für seine wettinischen „Brüder" ist im ganzen Kriege nichts zu spüren, kaum, dafs er einige Söldner zum thüringischmeifsnischen Heere vor Erfurt stofsen liefs [7].

Im Hochsommer 1375 begann der Krieg. Am frühesten schlugen die Grafen von Gleichen los. Ihre voreiligen Streifzüge ohne vorangehende Kriegserklärung zogen ihnen eine Anklage der Markgrafen beim kaiserlichen Hofgericht zu. Dieses erkannte die Klage als zu Recht bestehend an und er-

---

[1] Er war bei der Belagerung Erfurts anwesend. Siehe unten S. 77 Anm. 2.

[2] Heinrich von Schwarzburg gelobte den Markgrafen mit 15 Gleven zu Hilfe zu kommen und ihnen seine Schlösser Leutenberg und Remda zur Verfügung zu stellen.

[3] U. Werners und Ditmars von Hanstein vom 30. Juli 1375. Rudolph: Gotha diplomatica (Frankfurt u. Leipzig 1711—17) V. 5 S. 211.

[4] U. Utz' und Fritz' von Wangenheim vom 1. August 1375. Cop. 31 fol. 20.

[5] Vertragsurkunde. Sudendorf a. a. O. V S. 59. Erneuerung dieses Vertrages am 2. Juli. Ebenda S. 66. Vgl. Friedensburg a. a. O. S. 19.

[6] Hessen hatte durch den Sternerkrieg furchtbar gelitten; die Verpfändungen Hermanns beliefen sich noch 1377 in vier Ämtern auf 7640 Gulden. Wenck: Hessische Landesgeschichte II. 1 U.B. S. 455.

[7] Keine einzige Chronik meldet von einer Unterstützung der Markgrafen durch Hermann von Hessen, nur die U. des Hans von Hefsburg beweist, dafs Hermann einige Söldner nach Erfurt sandte. Brückner a. a. O. III S. 108. Die von Friedensburg a. a. O. S. 21 Anm. 3 angezogenen U.U. verschiedener Ritter handeln nur von Verlusten, die sie erlitten „als Graf Heinrich von Henneberg sie führte vor Erfurt im Dienste der Markgrafen von Meifsen" (nicht aber des hessischen Landgrafen). Daher ist auch die Nachricht Rothes in Th. Gqu. III S. 636, dafs Balthasar später noch Forderungen wegen seiner im Sternerkriege geleisteten Hilfe geltend machte, glaubwürdig. Diese Forderungen waren nicht durch Hilfsleistungen vor Erfurt ausgeglichen. Anders Friedensburg a. a. O. S. 89 Anm. 2.

teilte den Wettinern die Immission auf sämtliche Gleichensche
Güter[1]. Kurz darauf traf den fehdelustigen Grafen Ernst von
Gleichen die Reichsacht[2].

Bei ihren ersten kriegerischen Unternehmungen stiefsen
die Erfurter und ihre Bundesgenossen nicht auf erheblichen
Widerstand. Kein Wunder, dafs sie im Übermut dem Bischof
Adolf ihren Erfolg meldeten und ihn einluden, eiligst mit
möglichst grofser Macht zu ihnen zu kommen, um den Gewinn
mit ihnen zu teilen[3]. Ende Juni[4] brach Adolf auf. Er eilte
über Hofgeismar[5] ins Eichsfeld nach Mühlhausen, überall die
Kontingente seiner Bundesgenossen und die Mannschaften der
mainzischen Besitzungen an sich ziehend. Mit einem stattlichen
Heere[6], begleitet von Herzog Otto von Braunschweig, den
Grafen von Ziegenhain, Waldeck, Katzenellenbogen, Löwenstein, Eppenstein und vielen anderen, zog er in Erfurt ein,
wo sich die thüringischen Grafen mit ihm vereinigten. —

Von Erfurt aus liefs Adolf die umliegenden landgräflichen
Besitzungen verwüsten und lagerte endlich mit gesamtem Heer
vor dem Kastell Gebesee (a. d. Gera dicht vor ihrem Einflufs
in die Unstrut), das jedoch der Belagerung mehrere Tage
trotzte, bis das markgräfliche Heer am linken Ufer der Unstrut
erschien und sich zum Übergang über diesen Flufs und zum
Angriff des feindlichen Heeres anschickte. Die Verbündeten
wagten nicht, den überlegenen meifsnischen Streitkräften entgegenzutreten; Herzog Otto und die thüringischen Grafen
zogen sich nach Mühlhausen zurück, während Adolf sich in
das stark befestigte Erfurt warf[7]. Hier wurde er von den
Markgrafen, die auf dem hochgelegenen Cyriaxberg[8] ihr Lager

---

[1] Urteil des Thimo von Colditz, kaiserlichen Hofrichters zu Prag, vom
11. Mai 1375. Or. GA. Weimar, Reg. Aa S. 123 A II. 8. n. 1 b. Aufforderung desselben an Heinrich von Brandenstein und Rudolf von Lengefeld, den
Markgrafen zur Besitznahme der Gleichenschen Güter behilflich zu sein.
Ebenda Reg. Aa S. 123 A II 8. n. 1a. Mangelhafter Abdruck bei Rudolph
a. a. O. V. 5 S. 214.

[2] Am 30. Mai. Or. GA. Weimar, Reg. Ee 58.

[3] Hist. Pist. S. 1352 und Historia Landgraviorum a. a. O. S. 460;
darnach Rothe in den Th. Gqu. III S. 626.

[4] Chron. Mogunt. a. a. O. S. 194: „circa festum Nativitatis Johannis"
(24. Juni).

[5] In Geismar (Hofgeismar) nahm Adolf am 2. Juli den Grafen Heinrich
von Waldeck in Dienst für 1000 Gulden, die er ihm zahlen wollte, „so
balde uns got von den Doringen uff den Rin] wider heim gehilffet". Ingrossaturbuch IX fol. 54 a.

[6] Limburg. Chronik a. a. O. Cap. 106 schätzt Adolfs Heer auf „me
dan seszenhondert ritter unde knechte ane der von Erforde grosse moge".

[7] Hist. Pist. Cap. 120; Historia Landgraviorum a. a. O. S. 461. Die
eilige Flucht Adolfs und seiner Verbündeten von Gebesee und die Verfolgung
derselben durch die Markgrafen melden nur diese thüringischen Chroniken.
Rothe a. a. O. S. 627 hat die Nachricht nach seiner Art ausgemalt.

[8] „Auf dem Cyriaxberge vor Erfurt" stellte Markgraf Balthasar, der
vornehmlich die Belagerung leitete, noch am 30. August eine Urkunde aus.
Or. GA. Weimar, Reg. X fol. 28 I. n. 287.

aufschlugen, mehrere Wochen lang eingeschlossen. Da sie
der Stadt selbst wegen ihrer starken Mauern nichts anhaben
konnten, begnügten sie sich damit, die Umgegend zu verwüsten und besonders die Weinanlagen der Stadt zu verderben.
Hierfür suchten sich die Belagerten durch wiederholte Aus-
fälle zu rächen[1]. Das Heer der Markgrafen, bei denen die
meisten der genannten Bundesgenossen anwesend waren[2],
schwoll durch die Ankunft der böhmischen Streitkräfte auf
etwa 40 000 Mann an[3]. Der Kaiser erschien persönlich, von
seiner Gemahlin, König Wenzel und vielen böhmischen Baronen
begleitet. Aber auch jetzt, trotz der großen Übermacht,
richtete man nichts gegen Erfurts Befestigungen und seine
tapfere Bürgerschaft aus, sodaß der Kaiser, der stets lang-
wierigen militärischen Operationen abgeneigt war, die Belagerung aufgab und Anfang September[4] ins Gebiet der ge-
ächteten Grafen von Gleichen zog. Auf dem Felde vor der
gräflichen Burg Tonna stellte der allezeit bereite Friedens-
vermittler plötzlich einen Vergleich zwischen den beiden
Parteien her.

Welche Motive bestimmten Karl IV., der doch als Bundesgenosse der meißnischen Markgrafen mit einem starken Heere
gekommen war, zu diesem unerwarteten Schritt? Er sah die
Aussichtslosigkeit der Belagerung und überhaupt einen Krieg
ohne Ende voraus, auch drängten ihn die Aufgaben der eigenen
Politik, vornehmlich die Wahl Wenzels. Ein weiterer Krieg
mit Adolf, der, wie Karl einsehen mußte, gewaltigen Anhang
nicht allein in den Mainz nahe liegenden Gebieten, sondern
auch in Thüringen und den angrenzenden Ländern besaß,
konnte die Wahl und Krönung Wenzels nur verzögern. Daher
hielt Karl es für ratsam, den mächtigen Bischof nicht weiter
zu reizen, sondern ihm vielmehr näher zu treten, indem er
ihn aus einer mißlichen Belagerung befreite und ihm einen

---

[1] Chron. Mogunt. a. a. O. S. 195.
[2] Bezeugt ist die Anwesenheit Friedrichs von Merseburg. Chron.
Episcoporum Merseburgensium M. G. SS. X S. 199; Friedrichs von Nürnberg.
RK. n. 5498; Heinrichs von Henneberg. Brückner a. a. O. III S. 88. 102;
Heinrichs von Gera mit 96 Gleven. Siehe unten S. 80 Anm. 3.
[3] Wenck a. a. O. S. 28 Anm. 10.
[4] Die Dauer der Belagerung betrug nach der Hist. Pist. und Hist.
Landgraviorum sechs, nach der Limburger Chron. und Rothe acht Wochen;
vgl. RK. n. 5497a. Die beiden letzteren Chroniken melden, daß die Markgrafen 14 Tage vor Erfurt gelegen hatten, als Karl IV. kam. — Die Wettiner
werden Ende Juli die Belagerung begonnen haben: am 29. Juli stellen sie
Heinrich von Henneberg, der mit den Seinen ihnen zu Hilfe gezogen ist,
eine Urkunde aus, also wahrscheinlich vor Erfurt. Balthasar urkundet noch
am 30. August auf dem Cyriaxberg. Karl IV. urkundet am 5. August in
Prag, am 29. zuletzt vor Erfurt und am 4. September vor Tonna. RK.
n. 7422. Er kann darnach höchstens drei Wochen an der Belagerung teilgenommen haben.

günstigen Waffenstillstand vermittelte[1]. Höchstwahrscheinlich
haben bedeutende Zahlungen der Erfurter, von denen einige
Chronisten berichten[2], Karls IV. Friedensliebe noch vermehrt.
— Diese Momente können vielleicht den für die mainzische
Partei auffallend günstigen Vertrag erklären. Der Tonnaer
Waffenstillstand zwischen dem Erzbischof Ludwig und den
Markgrafen von Meifsen einerseits und Adolf, Bischof von
Speier, dem Mainzer Kapitel und den thüringischen Städten
und Herren andrerseits, sollte bis zum 24. Juni 1377 dauern.
Adolf und seine Anhänger sollten nicht von dem Erzbischof
Ludwig mit Prozessen und päpstlichen Bullen belästigt werden.
Die Geistlichen beider Parteien sollten im Genufs ihrer Pfründen
und Einkünfte bleiben, doch sollten sie behufs Erhebung ihrer
Renten nicht persönlich die Städte und Besitzungen der anderen
Partei betreten, sondern sich durch ihre Diener die ihnen zu-
kommenden Gefälle abholen lassen. — Ferner sollte der Kaiser
die gegen Erfurt und den Grafen Ernst von Gleichen erlassene
Reichsacht für die Dauer des Waffenstillstandes aufheben[3].
In diesem Vertrage wurde Ludwig als rechtmäfsiger Erzbischof
anerkannt, aber Adolf wurde im thatsächlichen Besitz des
Stiftes belassen. Denn der Artikel, dafs Ludwig seine Diener
in die mainzischen Städte schicken dürfte, um seine Einkünfte
erheben zu lassen, enthielt nur die lächerliche Erlaubnis zur
Ausführung von etwas Unmöglichem.

Die Markgrafen von Meifsen mochten wohl mit diesem
Vertrage nicht einverstanden sein. Sie hatten alle Kräfte auf-
geboten, ohne einen einzigen nennenswerten Erfolg davongetragen zu haben. Vor Erfurt sei — so berichtet ein meifsnischer Chronist — eine so grofse Menge von Kriegsbedarf
und Lebensmitteln zusammengebracht worden, wie noch kein
Auge in Deutschland gesehen und kein Ohr vernommen habe[4].
Vielleicht mochten die Markgrafen dem Kaiser wegen seiner
unentschiedenen Haltung und Nachgiebigkeit gegen den gemeinsamen Feind grollen. In den Kreisen, welche den Markgrafen nahestanden, war man jedenfalls nicht gut auf Karl
zu sprechen. Durch die Hinterhältigkeit des Kaisers — meint
der erwähnte Chronist — sei das ganze Unternehmen ge-

---

[1] Vielleicht ist Adolfs Bundesgenosse Friedrich von Köln, dessen
Aufenthalt am 10. September in Colditz beim Kaiser bezeugt ist (RK. n. 5501),
schon vor dem Abschlufs des Vertrages anwesend und in Adolfs Interesse
thätig gewesen.

[2] Historia Landgraviorum a. a. O. S. 461: „Erfordensibus expensas graves
solventibus"; vgl. Hist. Pist. S. 1353; Nikolaus von Siegen in den Th. Gqu.
II S. 399.

[3] Die Vertragsurkunden: GA. Weimar, Or. Reg. F S. 274c F. n. 12c. 1
(Schlechter Abdruck bei Guden a. a. O. III S. 520).

[4] Annal. Veterocellenses herausg. von Opel S. 224.

scheitert, und Ludwig nicht in den Besitz des Erzstuhls gelangt[1].

Die Wettiner mufsten sich aber in die Verhältnisse schicken. Liefsen sie dem Kaiser ihre Unzufriedenheit zu deutlich fühlen, so stand zu befürchten, dafs er den Gegner ihres Bruders noch mehr begünstigen würde, und dafs sich dann Ludwigs Aussichten noch unvorteilhafter gestalten würden. Daher blieben sie in freundlichem Verkehr mit Karl IV.: Markgraf Wilhelm befand sich unter den Begleitern des Kaisers, als dieser aus Thüringen ins nördliche Deutschland reiste und die Stadt Lübeck mit seinem Besuche beehrte[2].

3.

Nach dem Frieden von Tonna treten uns bedeutendere kriegerische Ereignisse nicht mehr entgegen; nicht etwa deswegen, weil beide Parteien den Waffenstillstand nicht halten wollten, sondern weil ihre Kräfte zu geschwächt waren, als dafs sie gröfsere militärische Operationen in der Art der Kämpfe um Erfurt hätten in Angriff nehmen können. — Vorläufig waren die Markgrafen von Meifsen mehr darauf bedacht, ihre durch den langen Krieg und unzählige Fehden beunruhigten Länder zu befrieden[3], als mainzische Besitzungen zu erobern. Sie griffen, um dieses Ziel zu erreichen, zu dem damals allgemein üblichen Mittel des Landfriedens. Solchen schlossen sie zum Schutze ihrer südwestlichen Gebiete mit den Bischöfen von Würzburg und Bamberg[4], und einen weiteren mit ihrem Schwager, dem Burggrafen von Nürnberg, um die Ruhe in ihren oberfränkischen Besitzungen herzustellen[5]. Schon vorher hatte sich ihr trefflicher Schwager nach dieser Richtung hin in ihrem Interesse thätig gezeigt, indem er Streitigkeiten zwischen meifsnischen Vasallen und pfälzischen Amtleuten in Oberfranken zur Zufriedenheit der Wettiner und des Pfalzgrafen Ruprecht beilegte[6]. Zur Sicherung des Verkehrs auf den Strafsen ihrer

---

[1] Ebenda: „sed dolo Imperatoris, ut dicitur res inacta permansit et Ludovicus ad Archiepiscopatum non pervenit". Vgl. Joh. Tylich bei Menke a. a. O. II S. 2180: „Sed res transivit inacta, ita quod Imperator negotium ob spiritum compositionis intercepit".

[2] RK. n. 5512a.

[3] Mit der Absicht, ihre Thätigkeit nach dem Kriege vorerst ihren eigenen Landen zuzuwenden, hängt wohl zusammen die Übertragung der Landvogtei in der Wetterau an Philipp von Falkenstein-Münzenberg, dem Markgraf Wilhelm am 24. Juni 1376 dies Reichsamt solange übergab, bis die Markgrafen es zurückfordern würden. U. Philipps. Or. GA. Weimar, Reg. Rr S. 441 IV L. n. 2a.

[4] Am 24. Oktober 1375   RS. n. 614.

[5] Am 26. April 1377. Mon. Zoller. IV S. 385.

[6] U. vom 30. März 1376. Th. Gqu. V. 2 S. 191. n. 229.

nördlichen Länder sollte eine Landfriedenseinung mit den
Kurfürsten von Sachsen und den Grafen von Anhalt dienen [1].
Aber trotz aller Vorkehrungen, die die fürstlichen Gewalten
in dieser Hinsicht trafen, hörten die Fehden nicht auf. Gar
manchen widerspenstigen Ritter mufsten die Markgrafen durch
ihre Vögte und Amtleute ins Gefängnis werfen und zum Gelöbnis zwingen lassen, sich in ihren Landen aller Gewaltthätigkeiten zu enthalten [2]. Abgesehen von den zahlreichen Sold-
quittungen [3] enthalten daher die meisten der die Markgrafen
betreffenden Urkunden in diesen Jahren solche „Urfehden". —
    Der Krieg hatte die finanziellen Kräfte der Wettiner
aufserordentlich in Anspruch genommen. Die Soldrechnungen
der Grafen von Henneberg, die am vollständigsten überliefert
zu sein scheinen, belaufen sich allein auf 2600 Gulden für
Pferde, die bei der Belagerung von Erfurt verloren wurden [4].
Um die Forderungen ihrer Bundesgenossen und der Söldner-
führer befriedigen zu können, erhoben die Markgrafen im
Juni 1376 eine aufserordentliche Bede, die von den Land-
ständen ausdrücklich bewilligt wurde [5]. Auf diese wiesen sie
ihre Gläubiger an. Obwohl sie ihren Städten versicherten,
dafs sie diese Bede niemals wieder erheben würden, aufser
wenn sie grofse Schäden und Niederlagen erleiden oder persönlich in Gefangenschaft geraten würden, so mufsten sie doch

---

[1] Cod. dipl. Anhaltinus herausg. von O. von Heinemann (Dessau 1867 ff.)
IV S. 333. Am 23. April 1376.
    [2] Urfehde des Heinrich d. Ä. und J. Mouwer und Dietrich Segelitz
vom 16. April 1376. Or. GA. Weimar, Reg. Ss S. 479 lit. M. n. 1; des
Hans und Günther von Guzzow, die der Vogt von Weifsenfels aus dem Gefängnis entlassen hat, vom 27. Mai 1377. Or. 4188b; des Peter Porzk vom
10. August 1377. Or. 4200; des Rudolf von Plowenitz vom 4. Dezember
1377. Or. 4208; des Günther von Bunow, den Balthasar aus dem Gefängnis
entlassen hat, vom 25. Dezember 1377. Or. 4167.
    [3] Hans von Kanewurf und Hans von Grusow bekennen mit selbsiebeu
ihrer Gesellen von Markgraf Wilhelm Sold erhalten zu haben. U. vom
18. August 1376. Or. 4159. Im Mai und Juni 1376: Quittungen burggräf-
licher Vasallen für Friedrich von Nürnberg. Mon. Zoller. IV S. 365 und
vom 13. Oktober 1377. Lang a. a. O. IX S. 384; am 6. August 1376 Be-
kenntnis der Markgrafen, Bürgern von Salza schuldig zu sein für Ausrichtung im Kriege 157 Schock Freiberger Münze. Cop. 26 fol. 152; 1376
Dezember 3. Brief der Markgrafen für Heidenreich Gruzzen über 400 Mark
Silber und 700 Schock Groschen für Dienste. Cop. 26 fol. 148b; 1377
Januar 27. und April 26. U.U. für Heinrich von Gera, der ihnen mit
96 Gleven vor Erfurt gedient hat. Th. Gqu. V. 2 S. 199. 201. n. 235. 238;
1378 Februar 3. Quittung des Hans von der Kere u. a. über 950 Groschen.
Or. 4217; 1379 Februar 20. Brief Friedrichs für Titzel von Witzleben über
478 Pfund Pfennige für Ausrichtung im Kriege. Cop. 31 fol. 43; U. Friedrichs von Burckersleben vom 31. Dezember 1379. Or. GA. Weimar, Reg. Rr
S. 446 IV M. n. 4a.
    [4] Brückner a. a. O. III S. 102. 108. 111. 114 f.
    [5] U. vom 1. Juni 1376. Cod. dipl. Sax. II. 2 S. 160; vgl. Falke in
den Mitteil. der königl. sächs. Altertumsgesellschaft XIX (1869) S. 40 f.

schon im nächsten Jahre wieder zu demselben Mittel greifen[1]. Die Städte jedoch zeigten sich opferwillig. Jena allein schofs seinen Landesherren für ihre Kriege etwa 1600 Pfund Heller vor[2]. —

Nicht besser als bei den Wettinern stand es mit den Finanzen in Mainz. Die Expedition nach Thüringen hatte dem Bischof Adolf und dem Kapitel ungeheure Summen gekostet. Die erhaltenen Soldrechnungen, die in den folgenden zwei Jahren von den einzelnen Grafen und Rittern für Dienste und Verluste „uf der reise gein Doringen" ausgestellt wurden, beliefen sich zusammen auf über 60 000 Gulden[3]. Zur Deckung der dringendsten Schulden machte Adolf eine Anleihe bei dem Trierer Erzbischof[4]. Auch sein Vetter Ruprecht von Nassau borgte ihm 6500 Gulden[5]. Am 26. März gestattete das Kapitel die Verpfändung von Ehrenfels für 20 000 Mark Silber mit der ausdrücklichen Bestimmung, dafs diese Summe nur zur Deckung der von dem Stifte im thüringischen Kriege gemachten Schulden. dienen sollte[6]. Als besonders ergiebige Geldquelle betrachtete Adolf die Mainzer Juden, indem er entweder von ihnen grofse Summen entlich oder solche durch Auflagen und Steuern zu erpressen suchte[7]. Aber welche finanziellen Mafsregeln das Kapitel und sein rastlos thätiger Bischof auch treffen mochten, sie konnten die Gläubiger nicht vollauf befriedigen. Jene Grafen und Ritter, die für Adolf Söldner angeworben und ihn bis Erfurt begleitet hatten, drangen auf baldige Berichtigung ihrer Forderungen und suchten diese mit Gewalt zu erzwingen. So geriet Adolf mit den eigenen Bundesgenossen in Fehde. Vor allen waren es die Grafen von Wertheim, Löwenstein und Katzenellenbogen, die mainzische Vögte angriffen und von

---

[1] In der Urkunde für Heinrich von Gera vom 27. Januar 1377 versprechen die Markgrafen ihm ihre Schuld (400 Schock böhm. Gr.) anzuweisen auf das erste Geld, das ihnen wird von ihrer neuen Bede „dy wir uf unser stete seczcen werden allir nest". Th. Gqu. V. 2 S. 199. n. 235. Am 26. April ist diese neue bede bereits den Städten Pegau und Zwickau auferlegt. Ebenda n. 238. Falke a. a. O. S. 41 hat diese aufserordentliche Bede des Jahres 1377 übersehen.
[2] Th. Gqu. VI S. 358.
[3] Die massenhaften Schuldverschreibungen Adolfs finden sich im Ingrossaturbuch IX, der vorzüglichsten Quelle für die Geschichte Adolfs im Bistumsstreit. Unter den Gläubigern ragen hervor: Eberhard von Eppenstein, Gotfried von Hohenlohe, Gotfried von Ziegenhain, Dietrich von Katzenellenbogen, Albrecht von Löwenstein, Johann von Wertheim und Ernst von Gleichen. Die meisten dieser Grafen sind uns als Teilnehmer an der Expedition nach Thüringen bekannt.
[4] Am 29. Juni 1377 verspricht Adolf dem Endres von Brunecke 750 Gulden zu zahlen von dem Geld, das der Erzbischof von Trier ihm leihen wird. Ingrossaturbuch IX fol. 32 b.
[5] Am 27. Juli 1377 quittiert Adolf diese Summe. Ebenda fol. 34 a.
[6] U. vom 26. März 1377. Ebenda fol. 20 b.
[7] Nach U.U. des Ingrossaturbuches IX.

ihnen den rückständigen Sold zu erpressen suchten[1]. Selbst
im eigenen Kapitel, das ihm bisher als treuester Bundesgenosse
zur Seite gestanden, stiefs Adolf auf Widerstand. Der grofsen
Lasten müde, drohten einige Domherren Adolfs Partei zu verlassen[2]. Aber klug und energisch, wie er war, wurde der
junge Fürst aller Schwierigkeiten Herr. Durch Verpfändungen
— besonders mufsten die Rhein- und Mainzölle herhalten —
befriedigte er den aufrührerischen Adel, durch Privilegien gewann er die mifsvergnügten Domherren. Bald waren seine
Finanzen wieder so weit geordnet, dafs er neue Dienstverträge
schliefsen, neue Bundesgenossen an sich ziehen konnte[3].

Meisterhaft leitete er in diesen Jahren seine äufsere Politik.
Zunächst verstand er es, mit Hessen ein friedliches Abkommen
zu treffen. Landgraf Hermann, bisher ein Gegner des Mainzer
Usurpators, erkannte, dafs dieser nicht mit Gewalt aus seiner
Stellung zu verdrängen sei, und hielt es daher für das Vorteil-
hafteste, es nicht ganz mit ihm zu verderben. Deshalb hütete
er sich wohlweislich, seine mainzischen Lehen aus der Hand
Ludwigs zu nehmen, obwohl er ihn als Erzbischof anerkannte[4].
Am deutlichsten brachte er seine zweideutige Politik in dem
hessisch-mainzischen Vertrage vom 13. April 1376 zum Ausdruck[5]: er gelobte gegen Adolfs Anhänger nichts zu unternehmen, während dieser sich verpflichtete, den Landgrafen mit
dem Grafen von Ziegenhain, seinem alten Feind, auszusöhnen
und die hessische Geistlichkeit ungekränkt zu lassen, aufser
wenn sie sich in Ludwigs Interesse verwenden liefse.

Entzog Adolf durch dieses Abkommen der Gegenpartei
ein immerhin mächtiges Mitglied, so gewann er bald darauf
den Bayernherzog zu wirksamer Unterstützung. Gegen Zahlung
von 5500 Goldgulden versprach Herzog Stephan, ihm gegen Ludwig und die Markgrafen Hülfe zu leisten[6]. Ein kühner Artikel

---

[1] Der Bericht des Chron. Mogunt. a. a. O. S. 197 wird trefflich durch
Urkunden ergänzt: Beilegung der Fehden Adolfs mit dem Grafen Dietrich
von Katzenellenbogen, der 4000 Gulden, mit Joh. von Wertheim, der 2500
Gulden und mit Albrecht von Löwenstein, der 1000 Gulden fordert. Ingrossaturbuch IX fol. 58. 89a. 123b. 139b.
[2] Am 29. September 1377 verschreibt Adolf dem Domherrn Johann
Heppe einen Zoll unter der Bedingung, dafs: „die widerruffunge daruff uns
des stiftes stede lande . . . gehuldet haben, genczlich abegetan werde, die er
(Joh. Heppe) iczunt für sine persone abe tun sal und uns der stift als einem
rechten und eynmudigen erczbischoff in gegeben werde". Ebenda fol. 44a.
[3] Z. B. den Wildgrafen von Kirberg am 22. November 1377 und Wilhelm von Isemburg, den Probst zu Aachen am 13. Februar 1378. Ebenda
fol. 50a. 67a.
[4] Erst am 25. Mai 1378 liefs er sich von Ludwig belehnen. Siehe
unten S. 91.
[5] Vgl. Friedensburg a. a. O. S. 22 f.
[6] Verträge vom 15. und 16. Juni 1377. Ingrossaturbuch IX fol. 18 f.
Regest bei Lang a. a. O. IX S. 377. Stephans Bruder Friedrich verpflichtete sich zur Neutralität. Adolf hielt die Zahlungsbedingungen nicht inne,

dieses Vertrages bestimmte, daß Stephan alle Gefangenen, die er im Kriege machen würde, behalten und nur die vier Markgrafen von Meißen an Adolf ausliefern sollte! Auch beim Papst versprach der Herzog für ihn wirken zu wollen. — Als es Adolf gelang, sich auch mit dem Rheinpfalzgrafen in ein gutes Einvernehmen zu setzen[1], hatte er sich des Beistandes oder wenigstens der Neutralität der hervorragendsten Fürsten im westlichen Mitteldeutschland versichert. —

Aus dieser Stellung den Mainzer Prätendenten zu verdrängen, dazu reichte die meißnisch-thüringische Macht mit allen ihren Verbündeten nicht aus, es sei denn, daß die Reichsgewalt gewillt gewesen wäre, energisch zu ihren Gunsten einzugreifen. Aber die kaiserliche Politik hatte seit dem Frieden von Tonna eine entgegengesetzte Richtung eingeschlagen. Planmäßig und eifrig suchte Karl IV. den Waffenstillstand zu benutzen, um die Wahl seines Sohnes durchzusetzen. Und gerade diese Absicht des Kaisers kam niemandem besser zu statten als dem Bischof Adolf. Aus Rücksicht auf die Kurfürsten von Trier und Köln, die zu Adolf hielten, mußte Karl diesen äußerst vorsichtig behandeln; gab er ihm unverhüllte Beweise seiner Mißgunst, so konnte er der mit großer Mühe und außerordentlichen Kosten gewonnenen Wahlstimmen von Köln und Trier verlustig gehen. Andererseits aber durfte er auch nicht offen auf Adolfs Seite treten; denn dann brach er seine dem Erzbischof Ludwig gegebenen Versprechen, dann drängte er ihn und seine Brüder, die wiederum eine große Partei im Reiche hinter sich hatten, in eine gegnerische Stellung. Der schlaue kaiserliche Diplomat, der nie um einen Ausweg verlegen war, fand auch hier das einzig anwendbare Mittel. Er wiederholte dieselbe Politik, die ihm 1349 in dem Mainzer Bistumsstreit[2] und 1372 in der Sache des Herzogs Magnus von Braunschweig-Lüneburg[3] aus der Verlegenheit geholfen hatte: Er selbst blieb Bundesgenosse des Mainzer Erzbischofs und der Markgrafen, natürlich ohne für ihre Sache energisch einzutreten, während König Wenzel sich mit Adolf verband! Dieser merkwürdige Vertrag wurde am 30. Mai 1376 in Bacharach, wo der Kaiser mit der Mehrzahl der Kurfürsten über die bevorstehende Königswahl beriet, abgeschlossen.

---

am 13. März 1378 schuldete er Stephan noch 4940 Gulden. Ingrossaturbuch IX fol. 70. Noch im Laufe der Jahre 1379 und 1380 zahlte er an dieser Schuld ab. Ebenda fol. 120 b. 198 a.

[1] Ruprecht versöhnte Adolf im März 1377 mit der Stadt Speier. Lindner a. a. O. I S. 64. — Am 4. November 1377 verlängerten Adolf und Ruprecht ihre „Einigung und Freuntlichkeit". Ingrossaturbuch IX fol. 48 b. Am 6. Dezember schlossen sie einen Landfrieden auf zwei Jahre. Bald darauf, im Jahre 1378 trat allerdings eine Spannung ein; vgl. unten S. 91 Anm. 2.

[2] Werunsky a. a. O. II S. 183.

[3] Siehe S. 38.

Unter Bezugnahme auf das alte zwischen Böhmen und Mainz
bestehende Bündnis gelobte Wenzel, wider Adolf, sein Stift
und seine Besitzungen, die er jetzt inne habe und noch erlangen würde, nichts zu unternehmen, namentlich seine Lande
niemals mit Krieg zu überziehen, so lange er ihm ergeben
bleibe. Auch versprach er ihm, nach seiner Wahl diese Urkunde als römischer König neu zu bestätigen[1]. Ohne den
Mainzer Prätendenten formell als Erzbischof anzuerkennen —
er nannte ihn nur Bischof von Speier — gab der König von
Böhmen ihm die bindende Versicherung, daß er weder von
ihm noch später, d. h. nach seiner Wahl, von der Reichsgewalt etwas zu fürchten habe. Adolf, dessen Gegenurkunde
nicht bekannt ist, wird jedenfalls versprochen haben, der
Wahl Wenzels nicht entgegenzuwirken und den Gewählten
als König anzuerkennen.

Während es so Adolf gelang, zu den gekrönten Häuptern
in ein besseres Verhältnis zu treten, gestalteten sich die Aussichten Ludwigs immer ungünstiger. Schon bei den Wahl-
verhandlungen spielte der länderlose Kurfürst keine glänzende
Rolle. Aus Scham über seine Ohnmacht und aus Zorn über
die Bedenken, die der Kölner und Trierer Erzbischof gegen
sein Kurrecht erhoben, weigerte er sich so lange an der Vor-
wahl, die für den 1. Juni in Rense anberaumt war, teilzu-
nehmen, bis alle Kurfürsten sein Recht zur Führung der
Mainzer Stimme anerkannt hätten. Nachdem diese ausdrücklich erklärt hatten, daß sie nur ihn als Bischof von Mainz
ansähen, folgte er der Aufforderung des Pfalzgrafen, der ihn
aus Oppenheim herbeiholte, und beteiligte sich von jetzt ab
an den Wahlgeschäften[2]. Von Rense ging er mit Karl IV.
und den anderen Kurfürsten nach Frankfurt, wo er in feier-
licher Wahlversammlung am 10. Juni seine Stimme für Wenzel
abgab[3]. Bei der Krönung des Königs, die am 6. Juli in
Aachen vollzogen wurde, waren die Wettiner durch Markgraf
Wilhelm vertreten[4].

Nach dem Frankfurter Tage schwand das Interesse der
Luxemburger an dem Mainzer Bistumsstreit immer mehr. Zunächst behielten sie das bisher befolgte Schaukelsystem bei.

---

[1] Guden a. a. O. III S. 524. Vgl. Lindner in den Forschungen XIV
S. 282 ff. und Knecbusch in dem Jahresbericht der Gewerbeschule zu Dort-
mund 1889 S. 16.
[2] Bericht des Johann Pfaffenlap. Reichstagsakten I S. 80: „dahin anfangs der churfürst von Mentze, der do Bischof war zu Babenberg, nicht
kommen wolte, die andern fürsten erkannten dann ob er von recht wälen
solte oder nit. welches die andern getan, wanne sie kein andern bischof
von Mentze wüstent denne in. do fur herzog Ruprecht von Peigern nach
ime gen Oppenheim, und fürte in gen Rense uf den pfingestdag früege“.
[3] Bericht des Jeckelin Lentzelin. Ebenda I S. 81.
[4] In den Rechnungen der Stadt Aachen ist Wilhelm zweimal genannt.
Ebenda S. 169. 177.

Am 17. Juni bestätigte Wenzel als römischer König dem
Bischof Adolf von Speier, „obwohl er das Stift Mainz inne
habe", das Bacharacher Bündnis[1] und zwei Monate später
gestattete er dem Erzbischof Ludwig für seine hingebende
Liebe und aufopfernde Treue gegen König und Reich das
Verleihungsrecht der ersten Bitten, das ihm, dem Könige, nach
seiner Krönung in der Diöcese Mainz zustände[2]. Am deutlichsten trat die schwankende Politik der Könige in dem
Rotenburger Landfrieden hervor, den Wenzel am 27. Mai für
Bayern und Franken abschlofs[3]. Als Teilnehmer werden genannt: „Adolf bischof zu Spiren von des stiftes wegen zu
Mentz mit dem lande von Miltinberg heruf gein Francken"
und ferner die Markgrafen von Meifsen mit ihren südlichen
Landen. Des rechtmäfsigen Erzbischofs von Mainz geschah
keine Erwähnung! So wurden die Wettiner durch die Verhältnisse gezwungen, den Bischof Adolf, ihren Genossen in
dem Landfrieden, stillschweigend als thatsächlichen Herrn von
Mainz anzuerkennen.

Nähere Beziehungen zwischen den Markgrafen und dem
Kaiser hatten so gut wie ganz aufgehört[4]. Sie wufsten, dafs
sie von der Reichsgewalt für die Durchführung ihrer Absichten
auf Mainz wenig zu erwarten hatten. Schon glaubten sie alle
Hoffnungen, die sie auf die Bündnisse mit dem Kaiser und
Könige von Böhmen im Jahre 1373 gesetzt hatten, vereitelt
zu sehen. Dieses Moment erklärt die Erneuerung des vier
Jahre früher geschlossenen Ehevertrags, denn sicher ging die
Anregung dazu von den Wettinern aus, die befürchteten, dafs
Karl sie auch um die Früchte dieser Abmachung bringen
würde. Durch die im Februar 1377 geleistete Huldigung der
Städte Brüx[5] und Laun[6], die der Kaiser ihnen als Mitgift
für seine Tochter Anna verbrieft hatte, erhielten sie die ur-
kundliche Versicherung, dafs der Vertrag noch in Kraft stehe.
Im folgenden Monat liefsen sie ihrerseits die vogtländischen
Städte, die sie als Leibgedinge für die künftige Gemahlin des
jungen Markgrafen Friedrich bestimmt hatten, den böhmischen
Königen huldigen[7]. Nichtsdestoweniger fiel diese Kombination

---

[1] Am 17. Juli 1376. Ingrossaturbuch IX fol. 125b.

[2] U. vom 20. September. Or. GA. Weimar, Reg. Oo S. 581. n. 8. 24.

[3] Reichstagsakten I S. 200.

[4] Abgesehen von der U. Karls IV. vom 8. September 1376, in der er
auf Bitten Friedrichs von Meifsen dem Contz von Würzburg die Freiheit
seiner Eltern bestätigt (RK. n. 5687), tritt uns in dieser Zeit keine Urkunde
entgegen, die das Verhältnis des Markgrafen zum Kaiser erläuterte.

[5] U. vom 24. Februar 1377. Schlesinger: Stadtbuch von Brüx (Prag
u. Leipzig 1876) S. 51 f.

[6] U. vom 23. Februar. Or. 4173.

[7] Huldigung des Balthasar von Maltitz, Vogtes von Arnshaugk, für die
böhmischen Könige am 10. März 1377. Cop. 6 fol. 37b mit der Notiz:
„consimiles litteras dabant advocati in Orlamünde Ziegenrück Triptis". Dafs

später einer anderen zum Opfer; um eine Verbindung zwischen
Böhmen und England herzustellen, vermählte Wenzel seine
Schwester mit Richard II. von England[1].

Die laue Haltung des Kaisers in der Mainzer Angelegenheit erregte endlich sogar den Unwillen des Papstes. Am
4. Dezember forderte Gregor XI. in einer Bulle, durch welche
er schliefslich nach langen Verhandlungen in die Wahl Wenzels
willigte, Karl IV. dringend auf, er möge den Mainzer electus
Ludwig, den er auf die ausdrücklichen Bitten des Kaisers zum
Erzbistum befördert habe, zum Besitz desselben verhelfen[2].
Es sei eine Mifsachtung gegen den Papst, eine Schande für
den apostolischen Stuhl, dafs die Mainzer Kirche so lange von
einem Eindringling in Besitz gehalten werde.

An dem Papst hatten die Markgrafen überhaupt einen
weit thätigeren und entschiedeneren Verbündeten als an den
Luxemburgern. — Durch den langen Bistumsstreit litt der
Klerus am meisten. Trotz der Bestimmungen des Tonnaer
Vergleiches wurden die Geistlichen, die dem einen Bischof
anhingen, von der Gegenpartei bedrängt, und Verbannte durften
nicht heimkehren. So mufsten die Erfurter Geistlichen der
Marien- und Severikirche, die wegen ihrer Parteinahme für
Ludwig aus Erfurt fliehend ihre Habe den Gegnern überlassen
hatten, sechs Jahre als Verbannte in Arnstadt und anderen
wettinischen Städten zubringen[3]. Durch energische Mafsregeln suchte daher Gregor XI. den widerspenstigen Klerus
zur Anerkennung Ludwigs zu zwingen. Am 7. Januar nahm
er die Stadt Erfurt bis auf weiteres in seine Hand, weil sie
dem Prätendenten anhinge[4]. In einem an den Papst gerichteten Schriftstück suchten sich die Erfurter zu entschul-

auch die übrigen Städte, Neustadt und Auma, gehuldigt haben, geht hervor
aus den Abmachungen der markgräflichen Brüder unter einander vom 7. bis
9. März. S. die U.U. Friedrichs bei Horn: Lebens- und Heldengeschichte Friedrichs des Streitbaren S. 649 f., eine derselben mit dem falschen Datum des 9. Mai
statt 8. März (Sonntag Lätare. Cop. 29 fol. 188). U. Balthasars und Wilhelms. Cop. 26 fol. 148.
[1] Siehe Höfler: Anna von Luxemburg, in den Denkschriften der kais.
Akademie in Wien phil.-hist. Kl. XX (1871) S. 128 f. Lindner: Deutsche
Geschichte I S. 118 f. — Erst spät scheint Wenzel seinen Verpflichtungen
nachgekommen zu sein; denn am 27. November 1382 ersuchen die Markgräfin
Katharina und ihr Sohn Friedrich den König um Zahlung von 400 Schock Prager
Groschen als Zinsen der 4000 Schock des Ehegeldes. Or. k. k. Haus-, Hof-
u. Staatsarchiv in Wien, Böhm. Abt. n. 1035. Am 11. Oktober 1397 verspricht Wenzel den Erben des Markgrafen Friedrich seine Verpflichtungen,
betr. die 10 000 Schock Prager Groschen Ehegeld, zu erfüllen. Horn a. a. O.
S. 699.
[2] Reichstagsakten I S. 146 Zeile 5.
[3] Verordnung des Dekans und Kapitels der Marien- und Severikirche
vom 13. November 1376. Th. Gqu. IV = Burkhardt: U.B. der Stadt Arnstadt (Jena 1883) S. 128; Hist. Pist. S. 1352; Historia Landgraviorum a. a. O.
S. 460: „multi (clerici) exiverunt et manserunt extra pene ad sex annos“.
[4] Gqu.Pr.S. XXII S. 339. n. 1266.

digen[1]. Nicht aus Mifsachtung gegen den apostolischen Stuhl
hielten sie zu Adolf, sie seien vielmehr seit langer Zeit eidlich
verpflichtet, die Partei des Mainzer Kapitels zu vertreten. Da
aber dieses den Bischof Ludwig nicht anerkennen wolle,
müfsten auch sie ihm den Gehorsam verweigern; denn sonst
würden sie als Meineidige und Lügner gelten, was ihrem Rufe
um so mehr schade, als sie meist dem kaufmännischen Berufe
oblägen. Auch müfsten sie fürchten, dafs Ludwig ihre Stadt
in die Gewalt seiner Brüder brächte. — Durch diese Vor-
stellungen beruhigt, liefs der Papst die über Erfurt verhängten
Strafen mildern und befahl dem Thomas de Amanatis, Bischof
von Nimes, der als Gesandter der Kurie in den Verhandlungen
mit dem Kaiser über die Wahl Wenzels eine wichtige Rolle
spielte, einen päpstlichen Vikar in Erfurt so lange einzusetzen,
bis Ludwig zu seinem Recht gekommen sei. — Inzwischen
fuhren die bereits 1375 vom Papste beauftragten Personen —
am 21. Januar 1376 erneuerte der Papst ihre Vollmachten[2] —
fort, für Ludwigs Anerkennung in Thüringen zu wirken.
Nachdem einer dieser Geistlichen, Bischof Wittigo von Naumburg, der vielfachen Ermahnungen und Strafen, die er über
Adolfs Anhänger verhängt, müde, den päpstlichen Auftrag
niedergelegt hatte, übernahm ihn mit neuem Eifer Dietrich,
Dekan der Johanniskirche in Haug vor Würzburg. Er machte
152 der Hauptteilnehmer an den Unruhen, darunter den Herzog
Otto von Braunschweig, die Grafen von Gleichen, Hohenstein
Stollberg, Kranichfeld, ferner die Ratsherren und Bürger-
meister von Erfurt, Mühlhausen, Nordhausen, Heiligenstadt
und Duderstadt nahmhaft[3] und beschuldigte sie der offenen
Parteiergreifung für Adolf im thüringischen Kriege sowie der
Räuberei und Kirchenschändung in den landgräflichen Gebieten, die sie aus blofsem Hafs gegen Ludwig und die Markgrafen verübt hätten. Ihre Gräuelthaten — so lautete die Urkunde — seien nicht allein in ganz Deutschland, sondern auch
in einzelnen Gegenden Frankreichs bekannt geworden und
hätten überall einen lauten Schrei der Entrüstung erregt. Deshalb fordere er die gesamte Geistlichkeit auf, jene Aufrührer
binnen sechs Tagen an heilige, besonders häufig besuchte
Stätten zu laden, damit sie dort sein Vorladungsschreiben vor
das geistliche Gericht in Hersfeld empfangen könnten. — Aber
die geistlichen Strafen fruchteten nichts mehr, die Zahl der

---

[1] Die Petition ist erwähnt in der päpstlichen U. vom 12. Januar 1376.
Gqu.Pr.S. XXII S. 340. n. 1267.
[2] Ebenda S. 343. n. 1269, vgl. den päpstlichen Erlafs vom 13. Februar
1375. Ebenda S. 326. n. 1213.
[3] Diese wegen der namentlich angeführten Anhänger Adolfs in Thüringen
wichtige und interessante Urkunde ist ausgestellt in Hersfeld am 14. Mai
1376. Or. GA. Weimar, Reg. C S. 660 B. n. 3. Eine Abschrift befindet
sich im HStA. Dresden, Abt. XIV Bd. 90 n. 71.

Anhänger Adolfs war zu grofs! Der päpstliche Legat ernannte am 16. April 1377 den energischen Bischof Gerhard
von Würzburg, der als geborener Graf von Schwarzburg und
als Mitglied des thüringischen Landfriedens vom Jahre 1372
den Erfurtern nahe stand, zum Vikar dieser Stadt[1]. Die Verhandlungen zwischen der Kurie und Erfurt zogen sich noch
weiter hin[2], bis die stolzen Bürger den Papst endlich durch
Geldzahlungen günstiger stimmten. Am 30. Mai hob der
Legat Bann und Interdikt auf[3] und kurz darauf quittierte
er dem Rat von Erfurt über 5000 rheinische Gulden, die er
für den heiligen Stuhl erhalten habe[4]. —
    Während die Stadt Erfurt wegen der Anerkennung Lud-
wigs mit der Kurie in Unterhandlungen stand, richteten die
Markgrafen von Meifsen ihr Augenmerk darauf, jene thüringischen Herren und Städte, die im Bunde mit Adolf so gefähr-
liche Gegner gewesen waren, aus diesem Bündnis herauszu-
ziehen. Die Städte waren des langen Kriegszustandes, der
ihren Handel und Verkehr lahm legte, müde; die Herren
schienen des Bündnisses mit dem Mainzer Usurpator über-
drüssig zu sein, weil er nicht schnell genug zahlen konnte.
Ferner brauchten die Mitglieder der Liga nicht mehr zu
fürchten, dafs Ludwig wirklich in den Besitz des Erzstiftes
gelange; denn die sichere Behauptung fast aller erzbischöflichen Besitzungen durch Adolf und die unentschiedene Haltung des Reichsoberhauptes konnten sie aller Besorgnis ent-
heben. Diese Umstände erklären die zahlreichen, durch
Dutzende von Urkunden überlieferten Verträge, die zwischen
den Wettinern und ihren thüringischen Gegnern abgeschlossen
wurden.
    Bereits am 7. September 1376 gelobte Graf Johann von
Schwarzburg-Schwarzburg, sich mit den Markgrafen zu verbinden, sobald sein Bündnis mit den Herren und Städten abgelaufen sei[5]. Seinem Beispiel folgten die Grafen Heinrich
und Johann der Arnstädter Linie, indem sie sich am 15. Mai
1377 mit den Markgrafen eng verbanden[6] und sich in ihren
Schutz begaben[7]. Als auch die Grafen von Schwarzburg-
Sondershausen sich am 3. August mit den Wettinern „zu

---

[1] Lang: Regesta Boica IX S. 373.
[2] Bekanntmachungen des Legaten Thomas vom 29. und 30. Mai 1377.
StA. Magdeburg, Abt. Erfurt VII. 31 u. 35. Die Unterhandlungen wurden
noch unter Gregors XI. Nachfolger Urban VI. fortgeführt. U.U. vom 10. März
und 10. August 1378. Ebenda VII. 36 u. 37. Urbans Gegenpapst Clemens VII.
löste Erfurt am 1. Oktober 1379 vom Banne. Ebenda VII. 38.
[3] Ebenda VII. 32.
[4] Quittung des Thomas vom 11. Juli. Nürnberg. Ebenda XLIII A. 30.
[5] U. des Grafen Johann. Or. 4160.
[6] Or. 4188a, Reg. in Th. Gqu. V. 2 S. 202. u. 240.
[7] U. vom 4. Juli. Or. 4196 (schlechter Abdruck bei Lünig RA. VIII
S. 189).

einem ganzen Grund erblich und ewiglich verstrickten"[1], standen sämtliche Mitglieder des weitverzweigten Grafenhauses auf wettinischer Seite; denn die Leutenberger Linie hatte schon während des Krieges treulich zu der Partei der Landgrafen gehalten, ein Verhältnis, das Graf Heinrich durch den Vertrag vom 6. März 1377 befestigte[2].

Bevor der Tonnaer Waffenstillstand ablief (24. Juni 1377), traten sämtliche Mitglieder der thüringischen Liga mit den Wettinern in Unterhandlungen. Am 2. Juni versprachen diese mit den Grafen von Gleichen, Schwarzburg, Hohenstein, Stollberg und mit den Städten Erfurt, Mühlhausen und Nordhausen bis zum 24. Juni 1379 Frieden zu halten[3]. Die Städte und Herren stellten entsprechende Einzelurkunden aus. Mühlhausen gelobte am 11. Juni, seine Verbindung mit Adolf zu lösen, den Erzbischof Ludwig an seinem vom Papst erhaltenen Recht niemals zu hindern und niemanden, den sein Bann getroffen, zu „hausen, halten und heimen"[4]. Auch die Erfurter versprachen in ihrem Vertrage vom 24. Juni, Ludwig von Mainz und seine Anhänger von ihren Besitzungen aus nicht anzugreifen[5] und traten von jetzt ab wieder in freundlichen geschäftlichen Verkehr mit den Markgrafen[6]. Besonders erwünscht mußte letzteren das enge Bündnis mit dem Grafen Dietrich von Hohenstein sein[7], der ihnen alle seine Schlösser zur Verfügung stellte, vornehmlich für den Fall, daß sie mit Herzog Otto von Braunschweig und mit den Eichsfeldern in Krieg gerieten. So wurden dem fehdelustigen Quaden, der früher im Bunde mit den thüringischen Grafen das landgräfliche Gebiet öfters durch Streifzüge heimgesucht hatte, seine Einfälle in Thüringen erschwert.

Aber noch einmal wurde der durch diese Verträge geschaffene Friede in Thüringen gestört. Die drei Städte, vornehmlich Erfurt, kamen ihren Verpflichtungen nicht nach, sodaß die Markgrafen wieder zu den Waffen greifen, und Ludwig beim Kaiser Klage führen mußte. Karl IV. verhängte am 14. Juli 1378 des Reiches Aberacht über die Stadt Erfurt und 76 namentlich genannte Personen aus den umliegenden Orten, „weil sie lange Zeit und mehr als Jahr und Tag

[1] U. der Grafen Heinrich und Günther. Or. 4198.
[2] Cop. 30 fol. 59.
[3] Or. StA. Magdeburg, Abt. Erfurt XVII. 51; HStA. Dresden, Cop. 30 fol. 50b. Die Urkunde ist erwähnt bei Erhardt: Urkundliche Beiträge zur Geschichte der Landfrieden S. 15.
[4] U. der Stadt Mühlhausen. Or. 4192.
[5] U. der Markgrafen vom 24. Juni. Cop. 30 fol. 51.
[6] Gebhard von Querfurt quittiert am 1. Januar 1378 für den Rat zu Erfurt über 650 Mark Silber und 300 Schock breiter Groschen, die der Rat für ihn an markgräfliche Beamte bezahlt hat. StA. Magdeburg, Abt. Erfurt XLIII A. 31.
[7] U. Dietrichs vom 7. November 1377. Or. 4206.

freventlich in des heiligen Reiches Acht gewesen von wegen
Klage des ehrwürdigen Ludwigs, Erzbischofs von Mainz" [1].
Diesmal aber war der Widerstand der zähen Städte bald gebrochen. Da die Erfurter in ihrem Vertrage vom 21. Oktober
1378 sich bereit erklärten, den Markgrafen für Schutz und
Schirm jährlich 150 Mark Silber zu zahlen [2], und ebenso
Mühlhausen sich zu jährlichen Geldzahlungen verpflichtete [3],
ist anzunehmen, dafs die Wettiner ihre Gegner nach kriegerischen Erfolgen zum Frieden gezwungen haben. — Eine
Friedensurkunde, die die Markgrafen am 6. Februar 1379 für
alle Mitglieder des früheren thüringischen Bundes ausstellten
und die den Frieden bis zum 24. Juni 1381 verlängerte [4],
zeigte, dafs Thüringen beruhigt war.

Die Erfolge der wettinischen Politik beschränkten sich
jedoch nicht allein auf Thüringen.

Landgraf Hermann von Hessen wurde gezwungen aus
seiner schwankenden Haltung herauszutreten und sich ent-
schiedener an die Markgrafen anzuschliefsen, da er wiederum
ihres Beistandes bedurfte. Erbittert über die drückenden
Steuern, die er seinen Städten auferlegen mufste, einigten sich
diese mit hessischen Burgmannen zu einem mächtigen Bunde
gegen ihren Landesherrn, dem zugleich die Gefahr drohte, in
Streitigkeiten mit Mainz verwickelt zu werden. In seiner
Not wandte er sich am 9. Mai 1378 an den Markgrafen
Balthasar [5], dem auch die hessischen Städte das Schiedsrichteramt übertrugen [6]. Am 12. Mai fällte Balthasar seinen Spruch
und versöhnte die unzufriedenen Landstände mit ihrem
Fürsten [7]. Dieser vermochte sich jetzt dem wettinischen Ein-

---

[1] Or. GA. Weimar, Reg. G S. 597. n. 6. 7. Unter den namhaft gemachten Personen sind etwa vierzig in der Urkunde des Dekans Dietrich
von Haug genannt; es ist daher anzunehmen, dafs dieser sich wegen des
Ungehorsams jener Personen an den Kaiser gewandt, 'und dafs Karl die
Rebellen darauf, vielleicht 1376, geächtet hat. So erklärt sich die A b e r -
a c h t der vorliegenden Urkunde.
[2] U. Erfurts vom 21. Oktober. Or. GA. Weimar, Reg. G S. 589. n. 1³.
Gegenurkunde der Markgrafen erwähnt Erhardt a. a. O. S. 16. Dafs die
Summe wirklich bezahlt wurde, geht hervor aus einer markgräflichen
Quittung für den Rat zu Erfurt über 150 Mark für das gütliche Stehen.
U. vom 13. Mai 1380. StA. Magdeburg, Abt. Erfurt XLIII A. 32.
[3] U. der Markgrafen für Mühlhausen vom 20. Oktober 1378. Ebenda,
Abt. Mühlhausen 6, erwähnt bei Erhardt a. a. O. S. 16. Gegenurkunde
der Stadt vom 9. Oktober. Or. 4253.
[4] StA. Magdeburg, Abt. Erfurt XVII. 54, erwähnt bei Erhardt a. a. O.
S. 16. — Am 4. September 1378 hatten die Grafen von Gleichen ihre
Friedensurkunde ausgestellt. Or. GA. Weimar, Reg. Rr S. 441 L. n. 2b,
Gegenurkunde der Markgrafen bei Mencke a. a. O. I S. 558.
[5] U. Hermanns vom 9. Mai. Or. GA. Weimar, Reg. C S. 155. n. 1K.
[6] U.U. der Städte Rodenberg, Homburg, Cassel und fünf anderer.
Ebenda S. 155. n. 1E. F. G. H. I. L. N. O.
[7] U. Balthasars. Ebenda S. 155. n. 1M, Regest mit falschem Datum
(1388) bei Wenck: Hessische Landesgeschichte II. 1 UB. S. 456.

flufs nicht mehr zu entziehen: am 25. Mai nahm er seine Mainzer Lehen aus Ludwigs Hand [1] und begann Adolf zu bekriegen. — Ferner kamen den Wettinern die Zerwürfnisse zwischen Adolf und dem mächtigen Rheinpfalzgrafen [2], die zu einem heftigen Kriege zu führen drohten, gelegen.

Die Hauptsache aber war, dafs die Reichsgewalt seit Anfang des Jahres 1378 wieder zu Gunsten der Markgrafen eingriff. Die ernste Mahnung des Papstes hatte ihre Wirkung nicht verfehlt; denn Karl IV. trat in seinem letzten Regierungsjahre offenbar feindlich gegen Adolf auf: er schwächte den Einflufs des Mainzer Stiftes, indem er der Speierer Kirche und der Stadt Mainz weitgehende Privilegien erteilte [3]. Und als er am 1. September 1378 einen Landfrieden für Franken schlofs [4], zu dessen Mitgliedern auch die Markgrafen von Meifsen gehörten, nahm er Adolf nicht in denselben auf, obwohl dieser mit den Mainzer Landen dem Rotenburger Landfrieden des Jahres 1377 angehört hatte.

Schon schien alles für die Wettiner gut enden zu wollen, da führten die grofsen Ereignisse des Jahres 1378 einen Umschwung, wie in den allgemeinen politischen Verhältnissen, so auch in dem Mainzer Bistumstreit herbei.

Am 27. März 1378 starb Ludwigs Gönner Papst Gregor XI. Sein Nachfolger Urban VI., durch den Abfall seiner Kardinäle geängstigt, zeigte sich bereit, Adolf anzuerkennen und verlieh Ludwig im September das erledigte Bistum Cambray und den Titel eines Patriarchen von Jerusalem, in der Hoffnung ihn damit abzufinden [5]. Während er noch mit den Wettinern verhandelte, erhielt er am 20. September in Clemens VII. einen Gegenpapst, und wenige Wochen darauf, am 29. November, starb der Kaiser in Prag.

Die Markgrafen und ihr Bruder waren mit dem Anerbieten Urbans VI. durchaus nicht zufrieden, auch König Wenzel erklärte energisch, dafs jene Entschädigung kein Ersatz für Ludwigs erzbischöfliche und kurfürstliche Stellung sei [6]. Urban lenkte ein, am 14. Januar 1379 hob er die Versetzung Ludwigs nach Cambray auf und bestätigte ihn wieder

---

[1] U. bei Löning: Erbverbrüderungen S. 104. Ludwig räumte dem Landgrafen den Weidelberg (bei Naumburg i. H.) ein; um diesen entbrannte ein Kampf zwischen Adolf und Hermann. Chron. Mogunt a. a. O. S. 203.

[2] Chron. Mogunt. a. a. O. S. 199: „Rupertus fraudem meditatus est contra Adolfum.....“; vgl. Kneebusch a. a. O. S. 18.

[3] Lindner a. a. O. I S. 64; Kneebusch a. a. O. S. 17. Im Juni empfahl Karl die Bürger von Hersfeld, die mit dem Abt Berthold in Streit lagen, dem Schutze der Wettiner. Demme: Nachrichten und Urkunden zur Chronik von Hersfeld (Hersfeld 1891) S. 149.

[4] Reichstagsakten I S. 216.

[5] Chron. Mogunt. a. a. O. S. 200: „circa Mathei festum“ (21. September).

[6] Lindner a. a. O. S. 101 f.

als Erzbischof von Mainz[1]. Infolgedessen trat Adolf, entschlossen um jeden Preis das Bistum zu behaupten, auf die Seite des Gegenpapstes[2] und verband sich zu gleicher Zeit mit dem Könige von Frankreich[3]. — Um aber die heillose Verwirrung, die das Kirchenschisma in Deutschland anrichtete, nicht noch dadurch zu vermehren, daſs das vornehmste Bistum unter dauernden Einfluſs des französischen Papsttums geriet, lieſs König Wenzel sich die Beilegung des Mainzer Streites dringend angelegen sein[4]. Adolf muſste als Erzbischof anerkannt und wieder für Urban VI. gewonnen, Ludwig durch eine entsprechende Entschädigung zur Verzichtleistung bewogen werden.

Während der länderlose Erzbischof von markgräflichen Renten lebend, in Langensalza, das er von allen mainzischen Besitzungen allein behauptete[5], residierte, waren seine Brüder seit Sommer 1379 darauf gefaſst, daſs er sich mit einem anderen Bistum begnügen müsse[6]. Durch Streitigkeiten und Fehden[7] in Anspruch genommen, konnten auch sie nicht mehr mit der früheren Kraft für ihn eintreten, zumal die am 3. Juli 1379 vollzogene Örterung[8] ihrer Lande eine groſse gemeinsame Aktion erschwerte. Nach langen Verhandlungen wurde endlich auf dem Nürnberger Reichstag im Februar 1381 der achtjährige Bistumstreit geschlichtet. Adolf erhielt Mainz, während Ludwig durch den Titel eines Patriarchen von Antiochia und das Erzbistum Magdeburg entschädigt wurde[9].

---

[1] Or. GA. Weimar, Reg. C S. 660 B. n. 4.

[2] Chron. Mogunt. a. a. O. S. 202. Im Oktober erhielt er das Pallium von Clemens VII.

[3] Am 4. Dezember bekennt Adolf dem Ritter Antelmann von Grasewege 400 Gulden zu schulden für Zehrung, „damyde wir yn unde unser frunde gein Mecze unde furbaz zu unsern herrn dem Kunge von Frankrich in unser unde des stiftes zu Mencze ernsten sachen gesant han“. Ingrossaturbuch IX fol. 183.

[4] Vgl. Lindner a. a. O. S. 103 ff.; Kummer a. a. O. S. 66 ff.; Eschbach: Die kirchliche Frage auf den deutschen Reichstagen 1378—1380 (Gotha 1887) S. 68 ff.

[5] Chron. Mogunt. a. a. O. S. 201 Zeile 9; vgl. Wenck a. a. O. S. 32 Anm. 3.

[6] Am 9. August 1379 wiesen sie Ludwig eine jährliche Rente von 300 Schock Freiberger Groschen auf ihre Münze zu Freiberg an, die er solange genieſsen sollte, bis er in den Besitz des Bistums Mainz gelange oder „eynen andern stift geruwiglichen yngewinne also daz her von dem egen. stift ze Mencze, da got vor sy, lassen musste“. Cop. 30 fol. 78 b.

[7] Ein Streit mit Würzburg war im Jahre 1378 von Friedrich von Nürnberg u. a. geschlichtet worden. Mon. Zoller. IV S. 418. Ins Jahr 1379 fiel die Fehde der Markgrafen mit den Grafen von Wernigerode. Am 18. Mai verbanden sie sich mit mehreren Fürsten zum Kriege gegen die Grafen von Wernigerode. Cop. 30 fol. 67 b. Auch in der Örterungsurkunde werden Maſsregeln für diesen Krieg getroffen.

[8] Siehe Exkurs S. 102.

[9] Lindner a. a. O. S. 120 f.

Nicht lange sollte Ludwig sich seiner neuen Würden erfreuen!
Bevor er das Pallium erhalten und die Huldigung der Städte
Magdeburg und Halle entgegennehmen konnte, machte ein
unglücklicher Sturz in dem Gedränge, das der plötzliche Ausbruch einer Feuerbrunst während eines Fastnachtballes hervor-
rief, in Calbe a. S. seinem ruhelosen Leben ein Ende [1].
        Waren die gewaltigen Anstrengungen der drei wettini-
schen Brüder im Mainzer Kriege im Grunde vergeblich gewesen — auch Langensalza fiel wieder an Mainz zurück [2] —,
so wurden die Markgrafen glücklicherweise durch eine Erwerbung, die sie während des Bistumsstreites auf friedlichem
Wege machten, entschädigt.
        Im Jahre 1374 führte Markgraf Balthasar Margaretha,
die älteste Tochter des Nürnberger Burggrafen Albrecht, eines
Oheims Friedrichs V., als Gemahlin heim, während gleichzeitig die jüngere Tochter Anna mit dem Herzoge Swantibor
von Pommern vermählt wurde. Die Mitgift der beiden Töchter
war eine ungewöhnlich reiche. Denn wenn auch die Gebiete,
die ihnen ihr Vater Albrecht hinterlassen hatte, an dessen
Oheim Friedrich V. von Nürnberg fielen [3], sollten die Landes-
teile, die ihre Mutter Sophie dem burggräflichen Hause zugebracht hatte, in den Besitz der beiden Töchter und ihrer
Ehemänner übergehen. Bevor Balthasar und Swantibor diese
hennebergischen Lande teilten, einigten sie sich zu einem Vertrage, den Karl IV. Ende September in Nürnberg vermittelte [4].
Der wichtigste Artikel dieses Vertrages bestimmte: wenn einer
der beiden Schwäger seinen Anteil veräußern wollte, solle
dem andern das Vorkaufsrecht zustehen.
        Nach der bald darauf durch Friedrich von Nürnberg ver-
mittelten definitiven Teilung der fränkischen Gebiete erhielt
Balthasar das obere Werragebiet mit Eisfeld und Hildburg-
hausen sowie die Städte Ummerstadt, Heldburg und Ermers-
hausen [5]. Diese Besitzungen bildeten mit der bereits 1353

---

[1] Vgl. Wenck a. a. O. S. 33 und Hertel in den Geschichtsblättern für
Stadt und Land Magdeburg XVI S. 63 ff.
        [2] U. Wenzels vom 15. Dezember 1385. Guden a. a. O. III S. 578.
        [3] Balthasar verzichtete am 22. Juli und Swantibor am 19. September
1374 auf die nürnbergischen Besitzungen, die Albrecht hinterlassen hatte.
Mon. Zoller. IV S. 275. 281.
        [4] U. Balthasars und Swantibors vom 30. September. Ebenda S. 284.
        [5] Ebenda S. 287. U. Friedrichs vom 20. Oktober. Die Gelöbnisurkunden
Balthasars und Swantibors betr. der Teilung sind datiert vom 24. Oktober.
Or.Or. GA. Weimar, Reg. D S. 347. n. 3a u. 3b. Außerdem erhielt Balthasar noch Geld: am 4. Oktober 1374 verspricht Friedrich von Nürnberg,
ihm und seiner Gemahlin die von ihrem Heiratsgut noch rückständigen
4000 Gulden bis zum 11. November 1376 zu zahlen. Mon. Zoller. IV S. 286.
Der Zahlungstermin wurde nicht inne gehalten, noch am 11. September 1379
hat Balthasar größere Summen zu fordern. Ebenda S. 412.

als Heiratsgut seiner Gemahlin Katharina an Markgraf
Friedrich gefallenen Pflege Coburg nebst mehreren umliegenden Ortschaften einen beträchtlichen geschlossenen Länderkomplex zwischen Werra und Main, den man später, weil er
von den wettinischen Hauptlanden getrennt zwischen fremden
Fürstentümern lag, den „Ort zu Franken" nannte. Die Markgrafen strebten darnach, auch die anderen hennebergischen
Besitzungen[1], die im Jahre 1353 als Mitgift der Elisabeth an
Eberhard von Würtemberg und 1374 als Annas Anteil an
Pommern fielen, an ihr Haus zu bringen. Aber trotz des Vor-
kaufsrechtes, das man ihnen zugestanden hatte, gelang es
ihrem schlauen Nebenbuhler, dem Bischof von Würzburg,
durch verschiedene Kaufverträge die reichen Mainlandschaften
mit 12 Städten und Schlössern zu gewinnen und sich dadurch
seine „herzogliche" Machtstellung zu schaffen. — Doch war
jenes fränkische Gebiet immerhin eine der gröfsten Erwerbungen der Markgrafen während ihrer ganzen Regierungszeit.

Schlufs.

Dreifsig Jahre lang haben die drei Markgrafen unter dem
Scepter Karls IV. ihre gemeinsame Regierung geführt. Bei
der glänzenden Leichenfeier, die die dankbaren Böhmen für
ihren grofsen König veranstalteten, war auch ein Markgraf
von Meifsen zugegen, er trug am Beisetzungstage, dem 15. Dezember, den kaiserlichen Helm[2]. — Klug und geschickt hatten
die Wettiner den Kaiser, der sie stets seiner Freundschaft für
wert hielt, zu behandeln gewufst. Sie hatten, seinem Verlangen
und der zwingenden Gewalt der Verhältnisse gehorchend,
engen Anschlufs an das benachbarte, mächtige Böhmen gesucht, ohne jedoch in Abhängigkeit von demselben zu geraten.
Wenn die Eigennützigkeit und Ländergier des kalten, be-
rechnenden Luxemburgers gar zu grell hervortrat, waren sie
seinen Ansprüchen mit energischer Betonung ihrer Interessen
entgegengetreten. Zwar hatten sie die Ausbreitung der böhmischen Herrschaft in ihren eigenen Territorien nicht hindern
können, nicht allein wegen der diplomatischen Begabung und
der finanziellen Überlegenheit des Böhmenkönigs, sondern viel-

---

[1] Vgl. von Schultes: Coburgische Landesgeschichte des Mittelalters II
S. 52 ff.
[2] Augsburger Chronik in den Chroniken der deutschen Städte IV S. 62.
Den Helm trugen „der markgraf Jost von Merchern und der markgraf von
Meichsen". Wer von den drei meifsnischen Markgrafen es war, ist nicht
festzustellen.

mehr wegen der obwaltenden politischen und lehnsrechtlichen
Verhältnisse; aber andererseits ist nicht zu übersehen, dafs
sie durch die Erwerbung des gröfsten Teiles des Vogtlandes
und durch viele andere politische Vorteile, die sie dem Kaiser
zu verdanken hatten, reichlich entschädigt wurden.

Die persönlichen Eigenschaften der drei Wettiner sind
bei der Dürftigkeit der Chroniken in Bezug auf die Schilde-
rung der Persönlichkeiten und bei dem typischen Charakter,
den die Urkunden an sich tragen, schwer ins rechte Licht zu
stellen. Die Thatsachen sprechen dafür, dafs die ausgezeich-
neten Eigenschaften, die ein späterer höfischer Chronist ihnen
nachrühmt[1], nicht erfunden sind. Die gröfste politische Begabung besafs zweifellos der älteste, F r i e d r i c h: er leitete in
dem ersten Jahrzehnt der gemeinsamen Regierung geschickt
die äufsere Politik gegenüber Böhmen und Brandenburg, und
ebenso war er es, der später im Mainzer Bistumstreit beharr-
lich und mit klarem Blick das einmal ins Auge gefafste Ziel
zu erreichen suchte. In der inneren Regierung bestand er
nicht hartnäckig auf dem Vorrecht des Erstgeborenen, sondern
räumte seinen Brüdern die gleichen Rechte ein, ja er trat
sogar hinter ihnen zurück, indem er sich zeitweise der „Vormundschaft" Balthasars und Wilhelms unterordnete[2]. Und
dies alles, damit die Einigkeit bewahrt bliebe; denn er erkannte recht wohl, dafs die geringste Zwietracht unter den
Brüdern, namentlich einem Karl IV. gegenüber, dem Interesse
des Gesamthauses unheilbare Wunden schlagen würde. —
Markgraf B a l t h a s a r schien sich vorzugsweise militärischen
Aufgaben zu widmen. Er nahm persönlich am Sternerkriege
teil und leitete die Belagerung Erfurts. In früheren Jahren
hatte ihn Abenteuerlust und ritterlicher Sinn zweimal nach
England geführt, wo er sich im Kriege gegen Frankreich durch
seine Thaten hohen Ruhm und des Königs Gunst erwarb[3]. —
Dem Markgrafen W i l h e l m, der im Jahre 1379 erst sein
36. Lebensjahr erreicht hatte, gab seine spätere achtundzwanzig-
jährige Regierungsthätigkeit Gelegenheit, seine reichen Gaben
zu entfalten. Ihm, als dem Herrn von Meifsen, war es vor-
behalten, zahlreiche Erwerbungen, die in der Zeit Karls IV.
nicht errungen werden konnten, unter dem schlaffen Regiment
Wenzels für das Haus Wettin davonzutragen.

---

[1] Joh. Tylich bei Mencke a. a. O. II S. 2180.
[2] Siehe Exkurs S. 100.
[3] Hist. Pist. S. 1347. 1350. Cap. 106. 114 meldet, dafs Balthasar 1351
und 1365 nach England zog und dafs er das erstemal längere Zeit dort blieb.
Die Nachricht wird bestätigt durch Angaben des markgräflichen Rechnungsbuches (Cop. 5 fol. 92b. 100b. 115. 118b), wo dem Bernhard von Miltitz
und Dietrich von Witzleben für ihre Auslagen „i n t e r r a A n g l i c a in ser-
vitio Domini Balthasaris" Summen angewiesen werden.

Exkurs.

Die wettinischen Hausverträge. 1350—1379.

Die gemeinschaftliche Regierung der Söhne Friedrichs II. bis zu der 1382 erfolgten Realteilung zerfällt nach den einzelnen Hausverträgen und den darin festgesetzten Regierungsformen in fünf Perioden. König Karl IV. hatte die Nachfolge der vier Markgrafen in der Form der Gemeinschaft unter der Vormundschaft des Ältesten anerkannt, indem er am 16. Februar 1350 in der Person des allein anwesenden Friedrich alle Brüder mit ihren Ländern zu gesamter Hand belehnte [1]. So hatte das Institut der gesamten Hand, das die Succession mehrerer Fürsten in einem Reichslehen lehnsrechtlich ermöglichte [2], auch in diesem Falle Anwendung gefunden.

I.

Der Wartburger Vertrag, nach welchem Markgraf Friedrich als der Älteste die Regierung allein führen sollte, wurde zwischen ihm und Balthasar 1351 zu Gotha in Gegenwart ihrer väterlichen Räte erneuert, und zwar wurde jetzt Friedrich anstatt der früheren zehnjährigen eine dreizehnjährige

---

[1] Siehe oben S. 3. Wie es in den Belehnungsurkunden (siehe S. 4 Anm. 1) heifst, waren Balthasar, Ludwig und Wilhelm „wegen Hindernisse" nicht erschienen und durch ihren ältesten Bruder, „der ir vormunder czehen jar sin sal" vertreten".

[2] Vgl. Schulze: Das Recht der Erstgeburt S. 235. — Das wichtigste aus diesen Hausverträgen giebt vortrefflich Wenck: Wettiner S. 10. 11. 34. — Posse: Die Hausgesetze der Wettiner, giebt die meisten einschlägigen Urkunden in Faksimile; die historische Einleitung enthält für unsere Zeit meist nur wörtliche Excerpte aus Wenck a. a. O. S. 10 f. 34 und Schulze a. a. O. S. 235—238.

Vormundschaft (bis 1. Mai 1365) zugesprochen[1]. Die noch
unmündigen Markgrafen Ludwig und Wilhelm sollten, wenn
sie zu ihren Jahren kommen würden, von den ältern Brüdern
angehalten werden, sich dieser Abmachung zu fügen. —
Einen unverkennbar bestimmenden Einfluß in Angelegenheiten der Politik und Regierung übte auf die jungen Fürsten
ihre Großmutter aus, die alte, kluge Landgräfin Elisabeth,
die Gemahlin Friedrich des Freidigen. Auf ihren Rat übertrugen Friedrich und Balthasar 1350 ihrem Marschall Thimo
von Colditz die gesamte Verwaltung ihrer Länder mit dem
Rechte Vögte ein- und abzusetzen[2]. Sie war es auch, die
die Markgrafen dazu bewog, sich am 13. Mai 1356 zum
lebenslänglichen gemeinsamen Besitz ihrer Lande zu verbinden[3]: Friedrich und Balthasar gelobten, „eweglich bi einander zcu bliben .... also daz wir alle dy zciit dy wir ge-
lebin unser ding ein ding sin sal und daz wir uns nymer
gesundern noch geteilen sullen noch enwollen uz unsern landen
und guten". Vorkommende Zwistigkeiten sollte ein aus ihren
Getreuen gebildeter Rat, gegen dessen Willen sie keine Verleihungen vornehmen sollten, entscheiden. Ihren Bruder Wilhelm — Ludwig war bereits in den geistlichen Stand eingetreten — schlossen sie in diesen Bund ein. Balthasars
Stellung gegenüber dem vormundschaftlichen Regenten, wurde
durch die Bestimmung hervorgehoben, daß die Lande und
Leute beiden Fürsten in gleicher Weise zu Gebote stehen
sollten. — Da aber die Vorrechte Friedrichs als Vormundes
bisher nicht bestimmt genug abgegrenzt waren, kam es zu
einer Auseinandersetzung, die der Burggraf Friedrich von
Nürnberg 1362 zu Neustadt vermittelte[4]. Dieser Vertrag
jedoch, in dem Friedrich die Vormundschaft mit allen Regie-
rungsrechten, ausgenommen das Recht zu verleihen, aufs Neue
zugesprochen und Balthasar verboten wurde jene Vormund-
schaftsrechte anzutasten[5], befriedigte die Ansprüche des Letzteren nicht, obwohl ihm ein Distrikt mit mehreren Ortschaften
im Vogtlande und einige Städte[6] mit einem jährlichen Einkommen von 900 Schock Groschen zu standesgemäßem Unterhalt und selbständiger Verwaltung angewiesen, und ihm sowie
Wilhelm eine Huldigung aller Amtleute bis zum 11. Oktober
in Aussicht gestellt wurde. Die Mißhelligkeiten zwischen den

---

[1] U.U. Friedrichs und Balthasars vom 28. September 1351. Or. 3281.
3282. Faksimile bei Posse a. a. O. Tafel 30 mit falscher Unterschrift.
[2] U. vom 17. April 1350. Cop. 29 fol. 107.
[3] Or. 3448, Faksimile bei Posse a. a. O. Tafel 32.
[4] U. vom 7. Oktober 1362. Or. 3700. Faksimile bei Posse a. a. O.
Tafel 34.
[5] „er sal uns in die vormundeschaft nicht sprechen nach sage und
lute der brieve" Or. 3700.
[6] Siehe Wenck a. a. O. S. 11 Anm. 4.

beiden älteren Brüdern drohten sich bis zu offenem Zwist zu
steigern, wie das Gelöbnis der Grafen von Schwarzburg, in
einem Streit zwischen Friedrich und Wilhelm mit Balthasar
Neutralität zu bewahren, beweist[1]. Diese Uneinigkeit bemühten sich die jüngeren Brüder, Bischof Ludwig von Halberstadt und Markgraf Wilhelm beizulegen. Ihre Entscheidung
ging dahin, daſs Friedrich bei der Rechenschaftsablegung der
Amtleute Balthasar hinzuziehen und dessen Rat hören sollte
„an allen grozzen und redelichen sachen die ine und unsere
lande antreten"[2]. Einen anderen Streitpunkt, betr. die Huldigung des Landes Franken[3], wollten sie auf einem Tage zu
Leipzig am 23. April 1363 beilegen. Gelänge es ihnen nicht,
eine Einigung zu erzielen, so sollte Burggraf Friedrich von
Nürnberg Schiedsrichter sein. — Doch muſs diese Zusammenkunft entweder nicht stattgefunden haben oder doch erfolglos
gewesen sein; denn am 7. November 1363 kamen Friedrich
und Balthasar überein[4], einer Viermännerkommission[5], über
der als Obmann Bischof Friedrich von Merseburg[6] stehen
sollte, die Schlichtung ihrer Streitigkeiten zu übertragen. Am
3. Februar 1364 war die Einigkeit bereits wieder hergestellt.
Denn beide Brüder verpflichteten sich gegenseitig, niemals
ohne Wissen des andern mit einem Dritten ein Bündnis einzugehen[7]. Auch Wilhelm trat diesem Vertrage bei und gelobte ihn zu halten, bis eine Teilung zwischen den Brüdern
erfolgen würde. —

Am 1. Mai 1365 war nach dem Gothaer Vertrage vom
28. September 1351 die Vormundschaft Friedrichs abgelaufen.
Die Selbständigkeit, mit der er anfangs regiert hatte, war
mehr und mehr eingeschränkt worden; seine Brüder, zumal
Balthasar, waren eifrig darauf bedacht, ihre Rechte in vollem
Umfang zu behaupten. Die wichtigsten Regierungsrechte wurden gemeinsam ausgeübt, und fast alle Urkunden sind von
den drei Brüdern gemeinsam ausgestellt. Wie schwer die
Aufgabe gemeinschaftlicher Regierung war, zeigt die interessante Urkunde vom 1. November 1364, in welcher sechs

---

[1] Undatierte U. Heinrichs und Günthers von Schwarzburg-Arnstadt.
Cop. 5 fol. 75 b, den Verhältnissen nach ins Jahr 1362 zu setzen; sie steht
auch unter den Rechnungsberichten des Jahres 1362.
[2] U. vom 11. März 1363. Cop. 26 fol. 41 b.
[3] Das heiſst die fränkischen Besitzungen, die Friedrich durch seine
Heirat mit Katharina von Henneberg erhielt.
[4] Cop. 26 fol. 46.
[5] Abt Ludwig von Saalfeld, Gebhard von Querfurt, Friedrich von
Schönburg-Glauchau und Heinrich von Kothewitz.
[6] Friedrich von Hoym, Bischof von Merseburg (1357—1382), ausgezeich-
neter Finanzmann, Ratgeber und Freund der Markgrafen, die ihn auch zu
diplomatischen Sendungen nach Prag benutzten. Chron. Epp. Merseburg.
M. G. SS. X S. 198 f.
[7] Or. 3748. Faksimile bei Posse a. a. O. Tafel 35.

Beamte der Markgrafen gelobten, die von Kaiser Karl wegen
der Lösung der Lausitz gezahlte und ihnen zur Aufbewahrung
übergebene Summe den drei Brüdern nur auf einträchtigen
Wunsch und wenn sie sich verpflichteten das Geld zum
Nutzen ihrer Lande anzuwenden, einzuhändigen; wenn aber
die Markgrafen „uneinig wären und stossig würden" sollten
sie selbst über die Verwendung jener Summe verfügen, und
falls auch sie nicht einig würden, sollte das Geld nach dem
Rat des Burggrafen von Nürnberg angelegt werden[1]. — Es
ist wohl anzunehmen, daß Friedrich die Vormundschaft über
den festgesetzten Termin hinaus behielt; neue Bestimmungen
darüber treten uns nicht entgegen[2].

II.

Am 1. November 1368 machte der durch Ludwig von
Bamberg und Friedrich von Nürnberg vermittelte Vertrag
dem bisherigen Regierungssystem ein Ende[3]. Jeder Bruder
erhielt gleiches Recht an der Regierung, und dies Prinzip der
Gleichberechtigung wurde ausdrücklich, beinahe ängstlich be-
tont, wie aus den genaueren Bestimmungen hervorgeht. Die
gesamte Gerichtspflege wurde in die Hand eines gemeinsamen
Hofrichters gelegt, der jährlich und zwar zuerst von Friedrich,
dann von Wilhelm und zuletzt von Balthasar aus dem markgräflichen Rate ernannt wurde. Die Finanzverwaltung wurde
einem gemeinsam gewählten Beamten, dem sog. „holder"
übertragen, der die Einkünfte zu erheben und damit die
öffentlichen Ausgaben nach dem Willen der Markgrafen zu
decken hatte. Jedem der drei Brüder wurde ein bestimmter
Distrikt, die „behusung" angewiesen, mit dessen Einkünften, in
Höhe von 1200 Schock Groschen er seinen Hofhalt bestreiten
mußte. Außerdem erhielten die Gemahlinnen Friedrichs und
Wilhelms — Balthasar war noch unverheiratet — je 800 Schock
Groschen. Die Ein- und Absetzung der Amtleute und Vögte

---

[1] Or. 3778. Vgl. über diese Urkunde, deren Bedeutung vorzugsweise
eine verfassungsgeschichtliche ist, Lippert a. a. O. S. 161 Anm. 40.

[2] Dieselbe Ansicht hat Wenck a. a. O. S. 11.

[3] Eine Abschrift dieser Urkunde (HStA. Dresden Abt. XIV Bd. 151
n. 14), deren Or. verloren gegangen ist, ist abgedruckt bei Posse a. a. O.
S. 39 f. Der Wortlaut ist teilweise, wohl durch die Schuld des Abschreibers
verstümmelt. Wenn der Ausdruck „holder", der, wie der Zusammenhang
zeigt, Geldverwalter oder Rentmeister bedeutet und in wettinischen Urkunden
nicht vorkommt, richtig überliefert ist, so kann man in ihm vielleicht einen
fränkischen Provinzialismus sehen, da die Urkunde eine bambergische ist.
Es wäre dann allerdings auffallend, daß die meißnischen Markgrafen in
einer wichtigen Urkunde, die doch das Ergebnis eingehender Verhandlungen
zwischen ihnen und ihren fränkischen Vermittlern gewesen sein muß, eine
fremde Bezeichnung für einen Beamten von hervorragender Stellung zu-
gelassen haben sollten.

im Lande sollte allen Dreien gemeinsam zustehen, innerhalb der Behausungen jedoch sollte jeder seine Beamten selbst ernennen. Erwerbungen an Land oder Geld, die der Einzelne durch Heirat gewänne, sollten Privateigentum sein[1]. — Diese komplizierte Form gemeinsamer Regierung sollte drei Jahre dauern. Daſs sie unpraktisch war, beweist eine bereits 1370 getroffene Abänderung[2], nach welcher die Einkünfte aus der Münze und dem Zehnten in Freiberg, die eigentlich von dem Holder verwaltet werden sollten, einer Kommission von drei Männern, von denen jeder Markgraf einen wählte[3], zur Verwendung für die markgräflichen Lande überantwortet wurden.

III.

Völlig beseitigt wurde dieses System durch die Zusammenkunft der Markgrafen im Kloster Zell am 27. Oktober 1371, wo, abermals unter Mitwirkung des Merseburger Bischofs und des Burggrafen von Nürnberg, ein Vertrag auf sechs Jahre geschlossen wurde[4]. Um das Prinzip der Gleichberechtigung zum vollsten Ausdruck zu bringen und dennoch eine einheitliche Handhabung der Regierung zu ermöglichen, bestimmte man, daſs die drei Brüder abwechselnd die Vormundschaft führen sollten, jeder zwei Jahre lang und zwar zuerst Balthasar[5], darauf Wilhelm, und dann Friedrich. Der Älteste trat also jetzt hinter seinen jüngeren Brüdern zurück! — Dem Vormund wurden alle Regierungsrechte eingeräumt[6], mit Ausnahme des Rechtes zu verleihen und neue Steuern oder Beden aufzuerlegen. Eine Kontrolle über die Regierung des unabsetzbaren Vormundes wurde den auswärtigen Fürsten

---

[1] Mit dieser Bestimmung hängt zusammen die Versetzung verschiedener Ortschaften an Wilhelm, der „sines egeldes ..... usgegebin und uzgelegit hat, die wir an unsir allir nucz gewant und gekart habin“: 1369 März 30. Schellenberg u. a. für 2500 Schock. Or. 3890; 1369 Juni 24. Zörbig für 1000 Schock. Cop. 26 fol. 89; 1372 Mai 16. Neuenburg (b. Freiburg) für 1880 Schock. Or. 4023; 1375 Oktober 19. Haus und Stadt Grimma für 3500 Schock. Or. 4129. — Diese Summen stammen aus der Mitgift von Wilhelms Gemahlin, Elisabeth von Mähren, in Höhe von 10 000 Schock Prager Groschen.

[2] U. vom 11. Mai 1370. Cop. 29 fol. 88b.

[3] Friedrich ernennt den Niklaus Kuchmeister, Balthasar den Abt Ludwig von Fulda, Wilhelm den Dietrich von Honsberg.

[4] Or. 4005, Regest in Mon. Zoller. IV S. 214. Faksimile bei Posse a. a. O. Tafel 36.

[5] Balthasar erhielt sie in der That zuerst: 1372 Juli 15. urkundet er: „in dem als wir an der vormundeschaft sint, wart vor uns bracht ....“ Cop. 27 fol. 83b. Friedrich und Wilhelm blieben ihm von Ausrichtung wegen in seiner Vormundschaft 1000 Schock Freiberger Groschen schuldig. U. vom 31. Januar 1377. Or. 4168.

[6] Or. 4005: „alle dinge zu wenden und zu bestellen .... darin sullen ym auch sine bruder nicht sprachin noch darin hindern“.

Ludwig von Bamberg, Friedrich von Merseburg und Friedrich von Nürnberg zugestanden; an sie sollten die beiden Markgrafen, wenn sie mit dem vormundschaftlichen Regenten unzufrieden wären, sich wenden und auf ihren Rat hören. Dem Vormund, der seinen Brüdern eine Rechenschaftsablegung schuldig war, sollten alle Ausgaben, die er in gemeinsamen Interesse auf Reisen und Versammlungen machen müfste, ersetzt werden. — Da sich diese Regierungsform zu bewähren schien, hielt man an ihr fest. Die Abmachung[1] zwischen Friedrich und Balthasar im Jahre 1374 war nur privater Natur; denn die beiden Fürsten verbanden sich aus Sparsamkeitsrücksichten[2] zum Zwecke eines gemeinsamen Hofhaltes versuchsweise auf ein Jahr und für den Fall, dafs sich diese Einrichtung als zweckmäfsig erwiese „furbaz die cziit als unsere frunde zcwischens uns allen dryen getedingit haben". Es lag also die Absicht vor, die verabredeten sechs Jahre hindurch jenes System beizubehalten. Zwar trafen die Markgrafen 1374 Bestimmungen über die Leibgedinge ihrer Gemahlinnen, die bei einer eventuellen Teilung in Kraft treten sollten[3], doch vor der Hand schrak man noch vor einer Teilung zurück[4].

IV.

Ein Regierungsprinzip nach territorialen Gesichtspunkten tritt uns in scharfen Umrissen in dem folgenden Hausvertrage vom 2. Januar 1378 entgegen[5]. Er enthält bereits den Grundzug der nächstfolgenden Örterung. — Das wettinische Gebiet wurde jetzt in seine beiden natürlichen Teile, Thüringen und Meifsen mit dem Oster- und Vogtland zerlegt, ersteres wurde der Verwaltung Axels, Vitztums von Apolda, letzteres der Kuntzens von Slyvin unterstellt. Nur die „Behausungen", deren Einkünfte gleichgemacht werden sollten, verblieben unter der unmittelbaren Verwaltung der Markgrafen. Keiner

---

[1] Sie übergaben Friedrich von Schönburg-Glauchau und Friedrich von Polentz die Verwaltung ihrer Einkünfte „unsere wirtinne hofe also zcu geringen und zcu messigen daz sy uns und die unsern von dem unsern erneren mogen". U. vom 17. August 1374. Or. 4095.

[2] Ebenda. Das Einkommen der fürstlichen Frauen wurde von 800 auf 400 Schock herabgesetzt. Der unverehelichte Balthasar erhielt 200 Schock Groschen Entschädigung.

[3] U.U. vom 26. Dezember 1374. Or. GA. Weimar, Reg. D S. 8. n. 10 u. 10a. HStA. Dresden, Cop. 26 fol. 124. Es wurde festgesetzt, dafs jeder Markgraf die seiner Gemahlin als Leibgedinge zugewiesenen Besitzungen, wenn sie nicht in dem bei einer späteren Teilung ihm zufallenden Landesteil lägen, gegen andere gleichwertige umtauschen sollte.

[4] „also do got lange vor sy were is sache daz wir uns teylen wurden". Or. GA. Weimar, Reg. D S. 8. n. 10a.

[5] HStA. Dresden, Or. 4211. Vermittler sind Ludwig, jetzt Erzbischof von Mainz, Friedrich von Merseburg und Friedrich von Nürnberg.

der Fürsten sollte bis zum 2. Januar 1379, während der
Gültigkeitsdauer dieser Vereinbarung, Veräufserungen oder
Verleihungen vornehmen, aufser mit Wissen und Willen seiner
Brüder. Das Verleihungsrecht geistlicher Lehen sollte in
gleichen Zeiträumen erst Friedrich, nach diesem Balthasar,
dann Wilhelm zustehen.

V.

Alle bisher durchprobierten Formen der Gemeinschaft
hatten sich im Grunde nicht als zweckmäfsig erwiesen. Um
die Fesseln der gemeinsamen Regierung, die eine freie Verfügung über die Hülfsmittel der Lande verhinderte und den
Fürsten eine rege selbständige Entfaltung ihrer Kräfte erschwerte, abzustreifen und dennoch die Gefahren einer Erbteilung zu vermeiden, wählte man die in jener Zeit häufig
angewandte Form der Örterung oder Mutschierung: die Ge-
were am Lande und die wichtigsten Hoheitsrechte blieben
gemeinsam, während die Nutzungen geteilt wurden[1]. Am
3. Juli 1379 brachten Ludwig von Mainz und Friedrich von
Nürnberg den Örterungsvertrag zu stande[2]. Nachdem eine
gemeinsame Bede zur Deckung der bisherigen Schulden für
das ganze Land ausgeschrieben ist[3], soll dieses in seine drei
Bestandteile, Meifsen, Thüringen und Osterland zerlegt werden,
und jedem Bruder ein „Ort" zufallen. — Wird eine Teilung
auf gütlichem Wege nicht erzielt, hat das Los zu entscheiden,
und zwar soll Wilhelm als der Jüngste zuerst wählen bezw.
losen. Jeder „Gemeiner" darf seinen Ort selbständig verwalten, die wichtigsten Hoheitsrechte und Regierungsstücke,
wie Kriegführung, Erhebung der Steuern und Beden, Verkauf und Verpfändung von Landesteilen, Besitz und Verwaltung der Bergwerke bleiben aber gemeinsam.

Nach Verlauf eines Monats war dieser Vertrag bereits
zur Ausführung gebracht worden[4]. Er sollte Gültigkeit haben

---

[1] Vgl. Schulze a. a. O. S. 237 f.

[2] Or. 4278. Schlechter Abdruck bei Lünig RA. VIII S. 191.

[3] Diese Stelle ist bisher auffallend mifsverstanden worden. Da Lünig
statt „bete" bothe abgedruckt hat, hat man daraus ein höchstes gemein-
schaftliches Gericht gemacht. Weifse: Geschichte der kursächsischen Staaten
II S. 105; Derselbe: Museum für sächsische Geschichte (Leipzig 1794) I. 1
S. 190; Merkel: Mitteil. d. deutschen Gesellschaft in Leipzig VII S. 9 f.
Auch Posse a. a. O. S. 29 fafst die „bete" so auf, obwohl er die Urkunde
in Faksimile giebt (Tafel 43). Die betreffende Stelle heifst: „um eine gemeinsame bete zu setzen über alle länder und die zcu nemene. die selbin
bete wir an unser aller dryer schulde wo uns daz aller nötigis ist.....
keren und wenden wullen".

[4] In der U. vom 7. August 1379. Or. 4283 (Posse a. a. O. Tafel 44 a)
heifst es von der Örterung „daz wir gereite haben getan". Friedrich erhielt
Osterland, Balthasar Thüringen, Wilhelm Meifsen.

bis zum 24. Juni 1382, nach welchem Termine es jedem Kontrahenten freistehen sollte, eine Zusammenlegung der Länder
zu verlangen. — Eine Erneuerung der Örterung, die vielleicht
stattgefunden hätte, wurde unmöglich gemacht durch den Tod
Friedrichs am 26. Mai 1381 [1]. Da an seine Stelle drei wiederum gleichberechtigte Erben traten, vermehrte sich die Zahl
der Gemeiner auf fünf und eine Erbteilung wurde, weil man
das Prinzip der Individualsuccession in jener Zeit aufgegeben
hatte, unausbleiblich. Sie trat am 13. November 1382 ein.
Damit hatte das Haus Wettin die verhängnisvolle Bahn der
Teilungen betreten.

---

[1] Vgl. Wenck a. a. O. S. 34.

Pierer'sche Hofbuchdruckerei. Stephan Geibel & Co. in Altenburg.